DANIELA SCHETAR / FRIEDRICH KÖTHE

Servus im Oberland

66 LIEBLINGSPLÄTZE
und 11 Badeplätze

DANIELA SCHETAR / FRIEDRICH KÖTHE

Servus im Oberland

BIER, BAROCK UND BADESEEN

GMEINER

Sofern hier nicht aufgelistet, stammen alle Bilder von Friedrich Köthe: Tourismusverband Starnberger Fünf-Seen-Land S. 48; Lösche Keramik S. 64; Tegernseer Tal Tourismus / Ludwig Hörth S. 122; Tegernseer Tal Tourismus / Wolfgang Ehm S. 125; Starnbräu S. 140; Zentrum für Umwelt und Kultur Benediktbeuern S. 152

Besuchen Sie uns im Internet:
www.gmeiner-verlag.de

Im Ehnried 5, 88605 Meßkirch
Telefon 07575/2095-0
info@gmeiner-verlag.de

1. Auflage 2014

Lektorat: Katja Ernst
Satz: Mirjam Hecht
Umschlaggestaltung: U.O.R.G., Lutz Eberle, Stuttgart
unter Verwendung eines Fotos von: © Roseninsel_by_Gerald_Wick
Kartendesign: Kim-Anna Bucher
Druck: AZ Druck und Datentechnik GmbH, Kempten
Printed in Germany
ISBN 978-3-8392-1555-5

STARNBERGER SEE – UM DIE MÜNCHNER BADEWANNE

AMMERSEE – BIERWALLFAHRT UND SAMMELLEIDENSCHAFT

RUND UM DEN TEGERNSEE – MILLIONÄRSSEE MIT BÄUERLICHEM FLAIR

TÖLZER LAND – IM HERZEN DES OBERLANDS

MURNAU, KOCHEL, MITTENWALD – BAUERN, KÜNSTLER, KÖNIGE

AUFTAKT

Warum ausgerechnet Oberland?

Servus im Oberland! Oberland? Mancher Leser mag sich fragen, wo es denn liegt, dieses Oberland. Für uns Münchner ist das Oberland die Region zwischen unserem Millionendorf und dem Karwendel- und Wettersteingebirge. Jener Teil des Voralpenlandes also, den wir in einem gemütlichen Tagesausflug erkunden können. Ins Allgäu nach Westen oder in den Chiemgau nach Osten ist es schon ein gutes Stück weiter, und das heißt früh aufstehen, wenn man dort wandern oder Rad fahren und abends wieder zu Hause sein will.

Doch mit Gemütlichkeit allein ist der Reiz des Oberlandes nicht beschrieben. Ein wahres See-Sammelsurium wartet hier auf Sonnen- und Badehungrige, vom kleinen Kirchsee zu den weiten Wasserlandschaften von Ammer- und Starnberger See; vom mondänen, in grandiose Bergkulisse eingebetteten Tegernsee zur stillen Moorschönheit der Osterseen. Unendlich viele Badestellen, verschwiegene Buchten, kühn übers Wasser ragende Stege und viel besuchte Strandbäder sorgen an den Sommerwochenenden für einen wahren Besucheransturm – unter der Woche hingegen genießt man die Seen häufig allein oder im illustren Kreis vereinzelter Badegäste. Einige unserer liebsten Badeplätze, beileibe nicht alle, verraten wir auf den folgenden Seiten.

Die Seenvielfalt ist übrigens der letzten Eiszeit geschuldet, in der Gletscherzungen von den Alpen bis ins heutige München vorstießen, dabei eine Menge Geröll vor und neben sich herschoben und Mulden aushobelten. Keine Sorge: So sieht es hier heute nicht mehr aus! Die Mulden sind mit Wasser gefüllt, von Bergen, Mooren oder aber auch von Millionärsvillen umgeben und ein Paradies für Wassersportler. Über das Geröll ist Gras gewachsen und hat auf diese Weise die schönsten Aussichtshügel des Voralpenlandes geformt – ›Moränenhügel‹ nennen das die Fachleute. Sie sind ideal für kleine Wanderungen, an deren Ende oft eine herrlich gelegener Gasthof auf uns wartet. Unseren Favoriten, die Ilkahöhe, wollen wir Ihnen natürlich nicht vorenthalten. Von keinem Aussichtspunkt sieht der Starnberger See derart hübsch aus, und bei Föhn kann man fast die Berghütten auf den Alpengipfeln erkennen, so nah rückt sie die glasklare Luft an den See.

Die Moränen des Voralpenlandes sind vielfach nützlich. Zum Beispiel als Standort der zauberhaftesten Kapellen und Dorfkirchen, bei deren Besuch wir uns nie entscheiden können, was wir mehr bewundern sollen, die Ausstattung oder die Aussicht. Unser Oberland ist nämlich eine ebenso fromme wie barocke Landschaft, deren Kirchen und Klöster von den größten Meistern jenes üppigen Stils geschmückt wurden. Mindestens eines dieser Wunderwerke aus Stuck und Fresken sollte man besuchen, das Marienmünster zu Dießen beispielsweise oder das unbekannte St.-Georgs-Kirchlein in Bichl.

Dass auch eine Moschee zu unseren Lieblingsplätzen zählt, mag etwas überraschen, aber doch, es ist der symbolträchtigste, modernste Moscheebau, den wir kennen, und atemberaubend schön. Das Oberland ist eben mehr als nur urbayerische Tradition. Deshalb zählen wir nicht allein urige Dorfwirtschaften zu unseren Favoriten, sondern ebenso die schicke Sassa Bar über dem Tegernsee oder Matos Fischladen in Herrsching.

An einem kommt man im Oberland nicht vorbei, egal ob unten im Tal, oben auf einem Felsgipfel oder am See: Der Wittelsbacher König Ludwig II., kurz: der Kini, taucht unvermutet überall dort auf, wo man sich wohlfühlt. Hier hat er gerastet, dort Gedichte geschrieben, Wasserpfeife geraucht, Rotwild gefüttert oder ist gar ertrunken. Er hatte Sinn für die Schönheit seiner Heimat, auch wenn er sie am liebsten nachts erkundete, wo doch wohl herzlich wenig zu sehen war.

Wir sind lieber tagsüber im Oberland unterwegs. Und wir hoffen, Sie auch!

Daniela Schetar und Friedrich Köthe

STARNBERGER SEE – UM DIE MÜNCHNER BADEWANNE

ST. ALTO IST NUR ZUM SONNTÄGLICHEN GOTTESDIENST UM 9.30 UHR ZUVERLÄSSIG GEÖFFNET.
KIRCHE ST. ALTO /// ALTOSTRASSE /// 82319 LEUTSTETTEN ///

GENIESSEN SIE HELLES, DUNKLES ODER WEISSBIER AUS DER KÖNIG LUDWIG SCHLOSSBRAUEREI KALTENBERG IM BIERGARTEN DER SCHLOSSGASTSTÄTTE LEUTSTETTEN /// ALTOSTRASSE 11 /// 82319 LEUTSTETTEN /// 0 81 51 / 81 56 ///

DREI CHRISTLICHE HEILIGE UND EINE SEHERIN

Würmtal mit Kirche St. Alto

1

Pilger haben bunte Bändchen und eine Vogelfeder in die Zweige der Hainbuche gebunden, andere Kerzen auf Steinen entzündet. Objekt der Verehrung ist ein unscheinbares Loch im Hang unweit von Leutstetten, aus dem Wasser sprudelt. Es ist nur eine von vielen Quellen im Würmtal, und doch eine ganz besondere, denn ihr Wasser soll Heilkräfte besitzen. Esoterisch veranlagte Menschen füllen es in Kanister ab und lassen darüber Wünschelruten vibrieren. Leutstetten, ein hübscher Ort im Durchbruchstal der Würm, hat sich zu einer Art Mekka mystischer Sinnsucher vor den Toren Münchens entwickelt. Neben der ›Drei-Bethen-Quelle‹, dem ›Grab der Seherin‹ und einer geheimnisvollen Ringwallanlage im Leutstettener Moos liegen hier auf dem Karlsberg die Überreste einer Burg, in der angeblich Karl der Große das Licht der Welt erblickte. In etwa der geografischen Mitte all dieser ›Kraftorte‹ befindet sich die Leutstettener Kirche St. Alto, mit deren 1643 gemaltem Votivbild unsere Erkundung beginnt.

Das wahrscheinlich auf vorgotischen Mauern errichtete Kirchlein ist leider meist mit einem Gitter verschlossen, durch das Besucher die kunstvolle Ausstattung des Gotteshauses mit seinem bewegten, aus dem 15. Jahrhundert stammenden ›Pfingstwunder‹ über dem nördlichen Seitenaltar mehr erahnen als erfahren können. Um oben genanntes Votivbild zu finden, bedarf es zudem einiger Gelenkigkeit: Es hängt in einer dunklen Nische an der Südwand, auf die man, vom Gitter behindert, nur unter Mühen einen Blick werfen kann. Vor düsterem Hintergrund treten uns drei Frauen entgegen, die im Bild als die Jungfrauen S. Gberpet, S. Ainpet und S. Firpet benannt sind. Mit Kronen und kreisrunden Heiligenscheinen geschmückt tragen sie als Insignien Palmwedel, einen Pfeil und ein Buch – angeblich Symbole von Pestheiligen. Die Jahreszahl 1643 datiert die Entstehung des Bildes in eine Zeit des Mordens und Sterbens, in den Dreißigjährigen Krieg.

Der Volksmund fasst die drei Damen seit jeher unter dem Oberbegriff ›Pethen‹ oder ›Bethen‹ zusammen und dichtet ihnen allerlei

Legenden an. Volkskundler bringen sie mit prächristlichen Gottheiten in Verbindung, den Matronen der Kelten oder den Nornen der Germanen, die ebenfalls als Dreiergruppe auftraten. Dass bei der Verehrung der Jungfrauen ein vorchristliches Ritual im katholischen Gewand weiterlebte, lässt eine Verbindung zu der ›Drei-Bethen-Quelle‹ vermuten. Wobei die heutige Quelle, nur wenige hundert Meter westlich von St. Alto, nicht die ursprünglich verehrte Heilquelle im Würmtal ist. Diese sprudelt weiter südlich im Ortsteil Petersbrunn bei einer St. Peter gewidmeten Kapelle. Ein weiterer, mächtiger Kraftort, der mit den drei Heiligen in Verbindung stehen soll, verbirgt sich im schattigen Wald unweit des stillgelegten Bahnhofs Mühlthal: das ›Grab der Seherin‹, in einem bronzezeitlichen Grabhügelfeld gelegen. Wissende sagen, hier sei Firpet beigesetzt.

Magie ist im Oberen Würmtal überall, auch in der Landschaft: Eingeklemmt zwischen den südlichen Vororten Münchens und den nach Norden greifenden Außenbezirken Starnbergs hat sich ein wahres Kleinod der Natur erhalten: Temperamentvoll drängt die Würm aus dem Starnberger See gen Norden und durchquert das Leutstettener Moos, ein artenreiches, unter Naturschutz stehendes Feuchtgebiet, in dem Schwarzkehlchen, Wiesenpieper und Schilfrohrsänger trällern und das im späten Herbst nebelverhangen wohlig gruselig wirkt. Weiter nach Norden haben die Wasser der Würm ein tiefes Durchbruchstal in die Endmoräne des Isar-Loisach-Gletschers gefräst, durch das es sich wunderbar wandern oder Rad fahren lässt. Ob zu magischen Quellen und Gräbern oder einfach nur zum Spaß, sei jedem selbst überlassen.

Ein anderes ›Heilwasser‹ wird im Königlich Bayerischen Biergarten der Schlossgaststätte Leutstetten ausgeschenkt: Bier der Kaltenberger Schlossbrauerei.

BISMARCKTURM /// ROTTMANNSHÖHE ///
82335 BERG-ASSENHAUSEN ///

ANSICHT UND AUSSICHT

Bismarckturm in Berg-Assenhausen

2

Da sage noch einmal jemand, Bayern sei Preußen gegenüber voreingenommen. Reichskanzler Bismarck zumindest haben die Münchner mit einem Bauwerk am Starnberger See geehrt. Na gut – es war nicht der einzige Bismarckturm, der zwischen 1869 und 1934 errichtet wurde, doch sicherlich eines der monumentalsten und schönsten unter den 240 auf der ganzen Welt verteilten Denkmälern. Am Geburtstag des Reichsgründers und -kanzlers sowie an jedem 2. September (an dem 1871 die französischen Truppen kapitulierten), loderten auf den Türmen des Nachts riesige Feuer, und mit den Flammen stiegen patriotische Lieder aus Studentenkehlen feierlich-getragen in den Himmel.

Wenn man heute an einem sonnigen Tag auf die Rottmannshöhe kommt, ist von nationaler Beseeltheit wenig zu spüren. Holzbänke stehen am Rande der weiten Lichtung mit Blick auf den See. Bienen summen über die Wiesen, Starnberger führen ihre Hunde Gassi, und ab und an radeln Ausflügler zufällig vorbei, gucken verdutzt, steigen ab und erklimmen eine der Treppen hoch zur Wandelhalle.

Dort unter den Gewölben ist man der Geschichte ganz nah. Inschriften und Wappen, nackter, grauer Stein – Vaterland: ›Nord und Sued auf ewig eins / Ausgeloescht die Grenz' des Mains‹. Kein Geringerer als der Münchner Malerfürst Franz von Lenbach hatte die Idee für den Turm. 190.000 Mark Spendengelder waren verbaut, als am 1. Juli 1899 die Eröffnungsfeier stattfand, der zweitteuerste Bismarckturm überhaupt. Und die Feuerschale oben? Nebbich! Da haut ein kupferner Adler ganz programmatisch seine Krallen in die Weltenkugel. Man hatte sich bewusst gegen eine Feuereinrichtung entschieden, und auf eine Aussichtsplattform, wie sie es bei vielen anderen Türmen gab, wurde ebenso verzichtet. Bismarck hat von den Münchnern einen reinen Ehrentempel erhalten.

Nach 200 Meter Fußweg Richtung Südosten erreicht man die idyllisch im Wald versteckte Bismarck-Quelle – ein Trinkwasserbrunnen der Stadt München von 1899.

IN ALLMANNSHAUSEN (GEMEINDE BERG) FOLGEN SIE DER SEEBURG-STRASSE BIS ZUM SCHILD, DAS DIE WEITERFAHRT NUR ANLIEGERN MIT SONDERGENEHMIGUNG GESTATTET. EIN FUSSWEG FÜHRT SIE IN ETWA FÜNF MINUTEN BERGAB DURCH EINEN WALD ANS UFER DES ALLMANNS-HAUSER STRANDS.

WENN DAS EISBOOT EINMAL KLINGELT

Strand Allmannshausen am Starnberger See

1/11

Sogar ein bisschen Sand gibt es in der Badebucht unterhalb von Allmannshausen. Im Sommer spenden hohe Bäume bis zum frühen Nachmittag, wenn die Sonne zum Westufer des Starnberger Sees wandert, kühlen Schatten. Selten drängen sich die Menschen hier; man muss nämlich ein gutes Stück bergab gehen oder mit dem Fahrrad fahren, um das Ufer zu erreichen. Das Beste aber ist das Eisboot: Andi und Michi, die sonst als Fischer ihr Geld verdienen, klappern an den Sommerwochenenden mit ihrem mit Eis und Getränken beladenen Boot die Badeplätze am Ostufer ab, und überall, wo sie anlegen und die Glocke schlagen, werden sie sehnsüchtig erwartet. An etwas abgelegeneren Badestellen wie Allmannshausen, wo kühle Getränke und erfrischendes Eis nicht greifbar sind, ist das ein toller Service!

Der Badeplatz in Allmannshausen liegt sehr malerisch mit seinem Blick auf das Feldafinger Ufer gegenüber, an dessen Hang sich Villen von der Wende vom 19. zum 20. Jahrhundert staffeln. Er ist aber leider auch immer wieder Schauplatz schlimmer Unfälle. An der unter Tauchern berühmten Allmannshauser Steilwand, die wenige Meter südlich beginnt, bricht der Grund nicht weit vom Ufer entfernt unter Wasser 70 Meter nahezu senkrecht, teils sogar überhängend ab. Eine faszinierende Topografie, die man nur mit Erfahrung und entsprechendem Können erkunden sollte. Unvorsichtige Taucher geraten leicht in Gefahr, vom Tiefenrausch überwältigt zu werden. Immer wieder fordert die Wand Todesopfer.

Aber so düsteren Gedanken geben wir uns nicht hin, wenn wir in Allmannshausen in die Sonne blinzeln, zum Badefloß hinauswaten oder auf das erlösende Bimmeln warten. Heute steuert der Andi das Eisboot und ist, kein Wunder bei den Temperaturen, schon fast ausverkauft. Einen eisgekühlten Caffè Latte hat er aber noch. Grund genug, ein Stündchen länger zu bleiben.

Mit dem Fahrrad erreicht man das Badegelände vom Starnberger S-Bahnhof, der Uferstraße folgend, nach rund 30 Minuten gemütlicher Fahrt.

DER FÜRST-TEGERNBERG MIT DER MARIA-DANK-KAPELLE LIEGT SÜDWESTLICH VON DEGERNDORF UNTERHALB DER STRASSE ›AM WEIHER‹.

FLIEGERBOMBEN ÜBER DEM STARNBERGER SEE

Maria-Dank-Kapelle bei Degerndorf

3

Östlich des Starnberger Sees, und gerade einmal fünf Kilometer entfernt von dessen millionenschwerer Uferlinie, erstrecken sich Felder und grasbewachsene Hügel, in denen sich Dorfweiher an Bergkuppenkapellen reihen, Kirchen um Weiler scharen. Die Promis unten am See sind hier gleich vergessen. Vor allem, wenn man vom 710 Meter hohen Fürst-Tegernberg, dem Haushügel von Degerndorf, hinunterschaut auf das schmale Gewässer, das sich ganz still hineinschmiegt in sein vom Gletscher geschliffenes Bett. Wie friedlich er sein kann, der Starnberger See! Und was für ein Idyll hier oben bei der Maria-Dank-Kapelle, flankiert von zwei alten Linden und einem Kruzifix.

Doch Degerndorf hat andere Tage gesehen: Ende des Jahres 1944 donnerten alliierte Bomberstaffeln fast täglich über die Köpfe der Dorfbewohner, um in München ihre tödliche Fracht abzuwerfen. Und am 17. Dezember passierte es: Eine dieser Maschinen, beladen mit Phosphorbomben, raste brennend auf das Dorf zu. Kurz vor dem Aufschlag explodierte sie; Felder standen in Flammen. Doch wie durch ein Wunder kam kein Degerndorfer zu Schaden. Von den sieben Besatzungsmitgliedern verbrannten sechs in den Trümmern, nur ein Mann konnte sich retten. Der Engländer wurde im Dorf aufgenommen und die Toten ordentlich beigesetzt – damals nicht selbstverständlich.

Die 1948 geweihte Kapelle auf dem Fürst-Tegernberg ist der Dank des Dorfes an die Gottesmutter, die sie im Krieg vor Schlimmerem bewahrte. Das Baumaterial stammte aus Ruinen in München. Wir kommen seit vielen Jahren wegen der herrlichen Aussicht hierher; von der Geschichte dieses besonderen Ortes ahnten wir lange nichts. Bis wir eines Tages einem Engländer begegneten, der das Grab seines gefallenen Verwandten auf dem Degerndorfer Friedhof besucht hatte.

Das Panorama nach Süden ist grandios: Es reicht vom Hohen Peißenberg über die Zugspitze bis zum Karwendel. Zwei Schautafeln helfen beim Bestimmen der Berge.

FISCHEREI SEBALD /// NÖRDLICHE SEESTRASSE 22 ///
82541 AMMERLAND /// 0 81 77 / 91 32 ODER 4 58 ///
WWW.BOOTSVERLEIH-FISCHEREI.DE ///

EINGELEGT, FRISCH ODER GERÄUCHERT

Fischerei Sebald in Ammerland

4

Wenn wir am Wochenende die Fahrräder in die S-Bahn packen und rausfahren nach Starnberg, um den See zu umrunden, radeln wir meist dem Uhrzeigersinn entgegen los. Warum? Wenn das Wetter schön und warm ist, wollen wir beizeiten, solange die Badestellen noch nicht überfüllt sind, ins Wasser springen. Und am Morgen ist die Westseite des Sees die sonnigere. Außerdem ist es unsre heilige Pflicht, mittags auf der Ostseite des Sees in Ammerland anzukommen. Das machen wir mindestens zweimal im Jahr, einmal davon während der Obstbaumblüte. Denn an keinem Platz am Starnberger See sitzt man im Mai schöner als beim Fischer Sebald.

Unter mit weißen Blüten geschmückten Apfel- und Zwetschgenbäumen könnten wir an den im Garten verteilten Tischen ganze Tage verbringen. Ein Radler, ein Russ (wir müssen ja noch weiter zum Bahnhof) oder eine Saftschorle löscht den ersten Durst, und anschließend gucken wir, was die Sebalds und die jungen Mädels, die ihnen zur Hand gehen, heute so alles über die Theke reichen. Was hat der Fang hergegeben, was ist geräuchert und was wie eingelegt? Eine simple Fischsemmel? Nein, stattdessen Salate, Fischpflanzerl in Sesamkruste, Saibling nach Matjesart und der ganz große Renner der Saison: ein Fischobazda, ein klassischer Käseobazda mit kaltgeräuchertem Saibling. Wenn man innovativ ist und dabei so leckere Sachen rauskommen, dann ist die Konkurrenz nicht fern und verrenkt sich gnadenlos den Kopf. Mal sehen, wann ein Fischobazda woanders auftaucht; genauso köstlich wie beim Sebald wird er aber bestimmt nie sein.

Seit 1848 besteht die Fischerei nun und ist Mitglied der Genossenschaft, die streng über ihre Mitglieder wacht und darauf achtet, dass jeder ihrer heute noch 34 Fischer eine Prüfung als Fischwirtschaftsmeister vorweist, bevor er seine Netze auslegt.

Hat man Zeit (oder einen über den Durst getrunken), lässt man sich vom Partner in einem der Boote der Sebalds (zur Ausnüchterung) herumrudern.

DER LANDESTEG DER SEENSCHIFFFAHRT FÜHRT WEIT AUF DEN STARNBERGER SEE HINAUS.

FISCHMEISTER /// SEEUFERSTRASSE 31 /// 82541 AMBACH /// 0 81 77 / 5 33 /// WWW.ZUMFISCHMEISTER.COM ///

GEMISCHTE GEFÜHLE

Gaststätte Fischmeister in Ambach

5

Ruhig und gemütlich ist es im Biergarten des Fischmeisters. Die Zahl der Gäste überschaubar, der Verkehr auf der Anliegern vorbehaltenen Ortsdurchfahrt erträglich und die frisch gezapfte Radlerhalbe süffig. Nichts erinnert an die hippe Zeit Ambachs und des Fischmeisters, jene literarisch kreativen 1980er-Jahre, in denen Michael Krüger (Autor und Hanser-Verleger), Tilman Spengler (Autor und Sinologe), Tankred Dorst (Autor) und Patrick Süskind (Autor) neben anderen rund um und in der Gemeinde Ambach lebten und regelmäßig im Fischmeister einkehrten, wo der müde Geist bei Weißbier und bayerischer Kost wieder zu Kräften fand. Damals pilgerte ganz München zum Fischmeister, um das geballte Aufgebot an Intellektuellen zu bestaunen. Einen Platz in dem schönen Biergarten zu ergattern, war wie ein Dreier im Lotto.

Der Paparazzi-Effekt ist verblasst; die meisten Promis wohnen inzwischen woanders. Wen man hier gelegentlich noch antreffen kann, ist der Sepp Bierbichler, Schauspieler-Gigant und Spross der Bierbichler-Familie, der in Ambach seit Ende des 18. Jahrhunderts nicht nur der Fischmeister, sondern auch Landwirtschaft gehört. In den bewegten Zeiten, die Herbert Achternbusch als ›Ambacher Exil‹ beschrieb, waren Bierbichler und Achternbusch der Drehpunkt der Ambacher Künstlerkolonie.

Wir können uns nicht recht vorstellen, wie viel explosive Kreativität hinter den heute so spießigen Ambacher Hecken und Gartenzäunen brodelte. Wir verstehen außerdem nicht, warum diese Zusammenballung ausgerechnet Ambach getroffen hat. Doch eigentlich wollen wir gar nicht weiter darüber nachdenken, im Garten vom Fischmeister, mit Radler und unverstelltem Blick auf den See, an dem es übrigens einen eigenen Badeplatz für die Gäste der Gaststätte gibt. So ein wundervoll friedlicher Platz, trotz der aufregenden Geschichte!

Wenige Schritte vom Fischmeister, hinter einem ungarisch anmutenden, bunt bemalten Tor, lebte von 1918–1952 Waldemar Bonsels, der Erfinder der Biene Maja.

HOLZHAUSEN GEHÖRT ZUR GEMEINDE MÜNSING; DIE KIRCHE STEHT AUF EINEM HÜGEL AM SÜDWESTLICHEN ORTSRAND.

KIRCHE ST. JOHANN BAPTIST UND GEORG /// KIRCHBERGSTRASSE 10 /// 82541 HOLZHAUSEN ///

DIE MADONNA IN DER LINDE

Kirche St. Johann Baptist und Georg bei Holzhausen

6

Auf einem schmiedeeisernen Grabkreuz des Holzhauser Friedhofs hat ein naiver Maler festgehalten, wie seiner Meinung nach ein richtiges oberbayerisches Kircherl auszusehen hat und wo es stehen sollte: auf einer Hügelkuppe, umgeben von weit ausladenden Kastanien oder Linden, gekrönt von einem Turm mit barocker Zwiebelkappe, und den Hintergrund beherrscht ein imposanter Bergzug, mit Vorliebe die Benediktenwand. So wie eben St. Johann Baptist und Georg, die Pfarrkirche von Holzhausen am Ostufer des Starnberger Sees. Die Benediktenwand ist zwar nur bei klarer Sicht auszumachen, aber auch ohne sie ist das Gotteshaus ein Postkartenidyll, und das Panorama nach Westen und Süden, wie sollte es auch anders sein, einfach herzerwärmend. Wie bei der Degerndorfer Kapelle ist der Betrachter erstaunt über die Intaktheit der bäuerlichen Strukturen so nahe am Millionärssee, der glitzernd und Erfrischung verheißend zwischen den Bäumen hindurchspitzt. Zumindest scheint es so, mit den Kühen auf der Weide und den Bauern, deren Traktoren hügelauf, hügelab die Wiesen bearbeiten.

Im 9. Jahrhundert soll hier bereits ein Gotteshaus gestanden haben. Etwa 600 Jahre später wurde das Fundament für die heutige Kirche gelegt, diese wiederholt umgebaut und schließlich im 17. Jahrhundert barockisiert. Zur Ausstattung gehören zwei Marienbilder, die eine Wallfahrt begründeten. Das eigentliche Pilgerziel aber war eine Mondsichelmadonna im Stamm einer tausendjährigen Linde. 1996 fiel der Baum einem Sturm zum Opfer, das Bildnis aber blieb wie durch ein Wunder unversehrt. Die Holzhauser errichteten ihm ein Kapellchen, pflanzten eine neue Linde und stellten eine Bank davor – unseren Seligkeitsplatz. Wenn wir die Holzhauser Kirche besuchen, dann immer auch, um auf der Bank zu sitzen und die Gedanken weit über den Starnberger See hinaus schweifen zu lassen.

Nehmen Sie sich Zeit für den Friedhof – wunderschöne, alte Kreuze aus Schmiedeeisen sind hier erhalten, und manches Grab ziert ein eigenwilliger Spruch.

ANFAHRT ZUM ERHOLUNGSGEBIET AB MÜNCHEN MIT DER S 7 BIS WOLFRATSHAUSEN UND BUS 373 ODER AUF DER A 95 BIS AUSFAHRT SEESHAUPT.

MÜNCHENS LIEBSTE BADEWANNE

Erholungsgebiet Münsing am Starnberger See

2/11

Starnbergern oder anderen Anrainern des Sees wird man im Erholungsgebiet Münsing (oder Ambach, wie es ebenfalls heißt) mit ziemlicher Sicherheit nicht begegnen. Dafür treffen wir regelmäßig Münchner Nachbarn, ehemalige Studienkollegen, die mittlerweile eine Familie gegründet haben, oder aber den Lateinlehrer aus Gymnasiumszeiten. Kurz und gut: Das 37 Hektar große Areal am Südostufer des Starnberger Sees ist vor allem bei Münchnern beliebt, insbesondere bei Familien, denn das Ufer fällt hier so sanft ab, dass man Kleinkinder unbesorgt planschen lassen kann.

Wir kommen ein-, zweimal im Jahr nach Münsing, und das aus nostalgischen Gründen. Zwei Generationen lang haben wir hier den Sommer verbracht: zuerst mit unseren Eltern, die sich wie gesagt um die planschenden Kinder nicht sorgen wollten, und dann, 20 Jahre später mit unserer Tochter, die man ebenfalls kaum beaufsichtigen musste. Die einzige Gefahr bestand und besteht darin, dass man seinen Sprössling aus den Augen verliert, denn das Gebiet ist riesig und die Besuchermassen unüberschaubar. Besonders an den Wochenenden ziehen nicht enden wollende Karawanen von Sonnenhungrigen mit Sack und Pack, Kind und Kegel, Luftmatratze und Gummiboot vom 2.600 Fahrzeuge fassenden Parkplatz an den See.

Warum man sich als Münchner Eltern dieser Karawane anschließt? Das Erholungsgebiet ist immer noch leerer als die Münchner Freibäder. Und es gibt keine Stechattacken durch Mücken oder Bremsen, die in großer Zahl die Ufer der kleinen Moorseen bevölkern. Außerdem ist der Blick über den See auf die Zwiebelkappe der Klosterkirche von Bernried gegenüber einfach schön. Und zur Belohnung für An- und Abfahrt, Stehen im Stau und Ringen um einen Platz dürfen wir nach dem Baden bei Fischer Sebald (s. S. 25) vorbeischauen und eine ungemein leckere Saiblingssemmel verzehren.

Ein behindertengerechter Zugang ins Wasser findet sich im nördlichen Teil des Erholungsgebiets. Unter der Woche ist es deutlich leerer und sehr angenehm!

BURG GRÜNWALD /// ZEILLERSTRASSE 3 ///
82031 GRÜNWALD /// 0 89 / 6 41 32 18 ///
WWW.ARCHAEOLOGIE-BAYERN.DE ///
NACH BESICHTIGUNG DER BURG, EMPFIEHLT SICH EIN BESUCH BEIM
BRÜCKENWIRT /// AN DER GRÜNWALDER BRÜCKE 1 ///
82049 PULLACH /// 0 89 / 7 93 01 67 /// WWW.BRUECKENWIRT.DE ///

SPAZIERGANG DURCH DIE GESCHICHTE DES ISARTALS

Burg Grünwald

7

Ja so warn's, ja so warn's, ja so warn's die alten Rittersleut ... von der Burg Grünwald erfuhren wir erstmals aus dem Radio, in dem Karl Valentins Lied von den Grünwalder Rittern in den 1960er-Jahren tagein, tagaus gespielt wurde. Als Kinder fanden wir es sehr lustig, obwohl wir den Großteil der derben Witze und Sprüche nicht verstanden, aber den Refrain, den konnte man so wunderbar mitsingen. Als wir die Burg dann erstmals sahen, war die Enttäuschung groß. Keine Ritter weit und breit, keine Spur von Turnieren oder Gelagen, dafür schlichte Mauern und archäologische Exponate, die uns nichts sagten.

Bis heute ist die Burg Grünwald eine eher unbekannte Attraktion im Isartal. Sie ist das Symbol für die Besiedelung des südlichen Münchner Raums, die bis in die Jungsteinzeit zurückreicht. Bereits um 1000 v. Chr. haben Menschen am östlichen Hochufer der Isar gelebt, und das spätkaiserliche Rom unterhielt nur zwei Kilometer flussaufwärts eine Wachstation, die den Isarübergang der Straße von Salzburg nach Augsburg sicherte. Ab dem 14. Jahrhundert gehörte die Grünwalder Burg den Wittelsbachern, die ihren Festungscharakter wahrten, sie aber zugleich als Jagdschloss nutzten. Im 17. Jahrhundert begann ihr Niedergang: Sie wurde als Pulvermagazin und Gefängnis zweckentfremdet. 1977 verhinderte eine Bürgerinitiative den Umbau zu Eigentumswohnungen. Heute dient sie als Zweigmuseum der Archäologischen Staatssammlung. Die sehenswerte und völlig neu konzipierte Ausstellung dokumentiert vorrangig die Geschichte der Burg.

Mittelalterliche Architektur und Atmosphäre hat die Burg sich bewahrt, und wenn wir ihren Großen Turm besteigen, breitet sich vor unseren Augen, wie früher vor denen der alten Rittersleut, ein grandioser Blick ins Isartal aus. Nur schade, dass Burg und Turm in den Wintermonaten wegen Renovierungsarbeiten geschlossen sind.

Der Burg gegenüber auf der anderen Seite der Isar empfehlen wir Ihnen die Einkehr beim ›Brückenwirt‹ mit über hundertjähriger gastronomischer Tradition.

CAFÉ GASTHOF SEESEITEN /// SEESEITEN 3 /// 82402 SEESHAUPT /// 0 88 01 / 7 42 ///

ENTSCHLEUNIGUNG AUF DER AUSSICHTSTERRASSE

Café Gasthof Seeseiten in Seeshaupt

8

Bei der Umrundung des Starnberger Sees kommt gleich nach Seeshaupt in Richtung Bernried ein Fleckchen Land, der zum ›g'schleckten‹ Rest nicht so recht passen mag. Das fängt schon mit der Straße an: Die ist plötzlich schmal und geflickt. Links erstrecken sich Felder, rechts erstaunlich ursprüngliche, schilfbestandene Seeufer. Keine Häuser weit und breit zu sehen, bis man um eine Kurve biegt und am Café Gasthof Seeseiten angekommen ist. Hier laden Tische unter hellblauen Schirmen und eine sonnenbeschienene Bank an der Hauswand zu einer Verschnaufpause ein. Diese kann sich allerdings hinziehen, denn die Ausflugsgaststätte ist sehr beliebt und das Personal entsprechend beansprucht. Aber wir haben nichts gegen längere Wartezeiten, denn zum Trost gibt's derweil den tollen Blick über den See und auf die Alpen.

Seeseiten wirkt ungemein friedlich und ländlich. Das Ufer steht unter Naturschutz. Schwertlilien und gelbe Trollblumen wachsen auf den Seewiesen. Wer vom Gasthof aus am kleinen Jachthafen vorbei nach Norden spaziert, merkt allerdings schnell, dass auch dies Kulturlandschaft ist. Wenige hundert Meter entfernt lugt die rotbraune Fassade eines Herrenhauses über die Bäume. In dessen Umgebung weicht die scheinbar ungestaltete Natur einer Parkanlage, die ursprünglich bis an den See reichte. Carl von Effner, *der* Gartenarchitekt des 19. Jahrhunderts, hat sie 1865 für die klassizistische Villa (Architekt Georg von Dollmann) des bayerischen Außenministers Ludwig von der Pfordten angelegt. Einige Besitzerwechsel später verwilderte der Park, und schließlich wurde der Uferbereich unter Naturschutz gestellt.

Endlich kommt die Bestellung. Hollerschorle und ein Stück Marmorkuchen stärken uns für die Weiterfahrt. Ehrlich gesagt, am liebsten würden wir im Café Seeseiten sitzen bleiben.

Das Seeseiten hat einen eigenen Badeplatz am See, der seinen Gästen vorbehalten ist. Packen Sie also die Badehose ein, wenn Sie hier einkehren!

FORSTHAUS ILKAHÖHE /// OBERZEISMERING /// 82327 TUTZING ///
0 81 58 / 82 42 /// WWW.ILKAHOEHE.DE ///

MAGISCHE MOMENTE FÜR AUGEN UND GAUMEN

Forsthaus Ilkahöhe in Tutzing 9

Postkartenbayern: der Himmel weißblau, das Bier frisch gezapft, zu unseren Füßen der glitzernde Starnberger See und am südlichen Horizont die Alpenkette zum Greifen nah. Ganz gleich, wie viele Klischees in diesem Bild stecken – es ist real. ›Föhntag auf der Ilkahöhe‹ könnte man es nennen. Wenn der Föhnwind den Himmel klar putzt und wir Zeit haben, ist die Ilkahöhe am Westufer des Starnberger Sees unser Lieblingsziel. Eine halbe Stunde mit der S-Bahn bis Tutzing, dann eine halbstündige Wanderung den Berg hinauf zum Forsthaus Ilkahöhe mit seinem rustikalen Biergarten. Stundenlang könnten wir hier sitzen und den Ausblick auf die Berge genießen, die der Föhn scheinbar direkt an das Seeufer zaubert. Von den Chiemgauer Alpen über das Karwendel- bis zum Wettersteingebirge mit der Zugspitze umfasst das Panorama nahezu die gesamte bayerische Alpenkette.

Mit 726 Metern ist die Ilkahöhe einer der höchsten Moränenzüge im Fünfseenland. Moränen bestehen aus Erdreich und Gestein, was die Gletscher auf ihrem Weg aus den Alpen in den Norden während der letzten Eiszeiten vor sich auftürmten und herschoben. Als das Eis abschmolz, hinterließ es ausgehobelte Senken (die Seen) und Moränenhügel wie die Ilkahöhe. Aber die Ilkahöhe stellt nicht allein ein geologisches Phänomen dar – sie ist auch ein besonderer Höhenzug, denn ihre Form erinnert an einen geduckten Drachen. Im Mittelalter hieß sie ›Parzenbichl‹, benannt nach den Parzen oder Bethen. Diese Schicksalsgöttinnen-Trias ist uns bereits in St. Alto (s. S. 15) in Gestalt christlicher Heiliger begegnet. Hier auf der Ilkahöhe befand sich wahrscheinlich ebenfalls ein Kultplatz – kein Wunder, bei der Aussicht! Ehrlich gesagt: Wir spüren sie ja auch, die magischen Kräfte, wenn wir in der Sonne sitzen und uns immer beschwingter fühlen. Das kommt bestimmt nicht vom Bier!

Im Forsthaus Ilkahöhe befindet sich ein empfehlenswertes Restaurant, dessen Spezialität feine Wildgerichte aus der eigenen Jagd sind!

SIEGRIFED ULMER VERWANDELTE LOTHAR-GÜNTHER BUCHHEIMS ALTEN BMW IN EIN KUNSTOBJEKT.

BUCHHEIM MUSEUM DER PHANTASIE /// AM HIRSCHGARTEN 1 /// 82347 BERNRIED /// 0 81 58 / 99 70 20 /// WWW.BUCHHEIMMUSEUM.DE ///

KUNST, KUNSTHANDWERK UND EIN SÄCHSISCHER QUERSCHÄDEL

Buchheim Museum der Phantasie in Bernried

10

Wie ein gestrandeter Dampfer liegt das Museum am Seeufer bei Bernried: warmes Holz, kühle Glasfronten, buddhistische Gebetsfahnen in den Bäumen, zwei Holzgiraffen, ein Autowrack im Gras – Autowrack? Kann der gemeinsame Nenner von Gebetsfahnen, Holzgiraffen und dem Autowrack Kunst sein? Auf jeden Fall Phantasie! Die besaß Lothar-Günther Buchheim in ähnlichem Übermaß wie Dickköpfigkeit. Viele Jahre kämpfte er mit sich selbst, der Gemeinde Feldafing, dem bayerischen Staat und der Kunstszene um sein Projekt, bis sich 2001 endlich die Tore zu einem der ungewöhnlichsten und spektakulärsten Museen Deutschlands, dem Museum der Phantasie, öffneten.

Buchheim, 1918 in Weimar geboren und 2007 am Starnberger See gestorben, fing beizeiten an, expressionistische Kunst zu sammeln. Berühmter wurde er allerdings als Schriftsteller: In dem 1973 erschienenen, autobiografisch gefärbten Roman ›Das Boot‹ verarbeitete er seine Erlebnisse als Kriegsberichterstatter auf einem U-Boot im Zweiten Weltkrieg. Im Laufe seines langen Lebens betätigte sich der vielseitig interessierte Buchheim erfolgreich als Verleger, Fotograf, Maler und immer wieder als Sammler. Zu den expressionistischen Werken kamen Volkskunst, Ethnografica, Blechspielzeug und Glaskunst, um nur einige Beispiele zu nennen. Schließlich wollte er seine umfangreichen Bestände irgendwo präsentiert sehen. Nicht nach Genres geordnet, sondern als Einheit.

Ab Mitte der 1970er-Jahre suchte Buchheim nach einem Standort für die Sammlung. Schließlich erschien der Bau eines Museums als einzig vernünftige Lösung. Da Buchheim seit den 1930er-Jahren am Starnberger See arbeitete, sollte seine Heimatgemeinde Feldafing den Zuschlag für den Bau bekommen. Die jedoch erwies sich als ›undankbar‹ und lehnte Buchheims großzügiges Geschenk in einem Volksentscheid 1997 ab: Man fürchtete hohes Verkehrs- und Besucheraufkommen, was Buchheim enorm aufbrachte (sein Spitzname ›Poltergeist von Feldafing‹ kam nicht von ungefähr). Der Nachbarort Bernried erkannte seine Chance und offerierte Buchheim ein Seegrundstück. Dass es viele weitere Querelen gab um den Architektenentwurf (immerhin von Stararchitekt Günter Behnisch), die Ausführung und so weiter und so weiter … Heute interessiert das niemanden mehr. Das Museum der Phantasie ist künstlerisch immer für Überraschungen gut.

Das Überraschende ist es auch, was uns immer wieder nach Bernried zieht. Oft kommen wir einfach, weil das Museum so herrlich gelegen ist, trinken im Café einen Espresso oder setzen uns auf den hoch über dem See schwebenden Steg, um ein Buch zu lesen. Manchmal ist uns nach Kunstbegegnungen zumute, nach den Künstlern der Brücke oder dem jungen Otto Dix, dessen Grafiken in diesem landschaftlichen Idyll vom Grauen des Krieges erzählen. Sind Kinder dabei, sind die naiven Bauernbilder von Max Raffler oder die lustigen Zirkustiere gefragt. Tanten oder Schwiegermütter geraten angesichts ›Dittis Blätterbildern‹ in Entzücken – Buchheims Ehefrau hat die Kunst, trockene Blüten und Blätter zu plastischen Tierfiguren zu arrangieren, perfektioniert. Wie neugierig und offen der Sammler Buchheim bis ins hohe Alter war, belegen die fantastischen Skulpturen im Park, Günter Schumanns Fußballmannschaft ›BSG Chemie Leipzig‹, das kunstvolle Autowrack von Siegfried Ulmer oder die skurrilen ›Kofos‹, die Hans Schmitt aus Holz, Gummi, Schrauben, Leder und Blechdeckeln zusammengesetzt und bemalt hat. Jeden Besuch empfinden wir auch als eine Art Rundgang durch einen vielseitigen, wahrscheinlich ebenso genialen wie cholerischen Kopf, der nicht zu Unrecht als ›Querschädel‹ tituliert wurde. Übrigens wie so oft im Bairischen eine eher achtungs- und liebevoll gemeinte Beschimpfung!

☞ Das Museum ist von Starnberg aus auch mit dem Museumsschiff ›Phantasie‹ erreichbar – eine sehr empfehlenswerte und wundervoll poetische Annäherung!

DIE SKURRILEN FIGUREN, GENANNT ›KOFOS‹, GESTALTETE HANS SCHMITT AUS HOLZ, GUMMI, SCHRAUBEN, LEDER UND BLECHDECKELN.

BESUCHEN SIE DIE PFARRKIRCHE ST. MARTIN IN BERNRIED MIT IHREM SEHENSWERTEN GOTISCHEN FLÜGELALTAR.

WO DIE ›LIAB WOANATN FRAU‹ AN DEN SEE GETRAGEN WIRD

Bernried

11

Das ganze Dorf ist in das Licht flackernder Kerzen getaucht, wenn die Prozession an Mariä Himmelfahrt nach feierlichem Gottesdienst die Pfarrkirche verlässt und hinunter zum See zieht. Ihr Ziel ist ein weißes Kapellchen in der Klostermauer, die Kapelle ›Zur liab woanatn Frau‹. In ihr befindet sich eine Pietà, der Sage nach in einer Sturmnacht angeschwemmt. Ein Wunder für die Bernrieder, die das alte Gnadenbild der Kirche durch dieses neue ersetzten. Die alte Madonna sollte Platz in der extra dafür errichteten Seekapelle finden. Doch am nächsten Morgen war die alte zurück in der Kirche, die neue am See. Die Gemeinde versuchte es mehrmals, bis die neue Maria zu weinen begann, und beließ die ›lieb weinende Frau‹ schließlich am See.

Wenn es ein Paradebeispiel für ein intaktes Ortsbild gibt am Starnberger See, ist das Bernried. Die 2.300-Seelen-Gemeinde hat 2007 sogar den Wettbewerb als schönstes Dorf Bayerns gewonnen. Vor allem entlang des Hopfgartens, des Kirchwegs und der Dorfstraße stehen wunderbare Bauernhäuser, teils aus dem 17. Jahrhundert! Von den Holzbalkonen ergießen sich Geranien- und Petunienkaskaden, und in den Vorgärten blühen Sommerblumen. Erstaunlich, dass die Gentrifizierung des Starnberger Sees, die mit Villenbauten Ende des 19. Jahrhunderts weiter nördlich in Tutzing ihren Anfang nahm, Bernried zumindest architektonisch kaum berührte. Vielleicht ist das auch dem Gnadenbild zu danken, dessen Verehrung die Menschen in Glauben und Traditionalismus eint.

Von Bernried spazieren wir gern unter hundertjährigen Eichen nach Süden durch den Bernrieder Park, den Münchens Obergärtner Carl von Effner Mitte des 19. Jahrhunderts anlegte. Die zweite Besitzerin übereignete den Park einer Stiftung und der Öffentlichkeit. Da hatte das Gnadenbild sicherlich ebenfalls seine Finger im Spiel!

Werfen Sie einen Blick in die ländliche Hofmarkskirche Mariä Himmelfahrt. Den Altar der Gruftkapelle schmückt eine wunderbare gotische Pietà.

ROSENINSEL /// WITTELSBACHER PARK 1 /// 82340 FELDAFING /// WWW.SCHLOESSER-BAYERN.DE ///

WEITERE INFORMATIONEN ZUR GANZJÄHRIG ZUGÄNGLICHEN ROSENINSEL ERHALTEN SIE BEI DER BAYERISCHEN SCHLÖSSERVERWALTUNG / AUSSENSTELLE /// STARNBERGER SEE, MAX-ZIMMERMANN-STRASSE 11 /// 82319 STARNBERG /// 0 81 51 / 69 75 ///

WO SICH ›MÖWE‹ UND ›ADLER‹ GEDICHTE SCHRIEBEN

Roseninsel bei Feldafing

12

Fährmann Norbert Pohlus hat seine historische Plätte gegen ein Boot mit Elektromotor getauscht. Das ist verständlich, denn die Roseninsel, zu der er vom Westufer übersetzt, hat sich im Lauf der letzten zehn Jahre zu einem der meistbesuchten Ziele am Starnberger See entwickelt, und das Staken im Akkord zwischen Ufer und Insel wäre kaum zu bewältigen. Seit den 1990er-Jahren hat ein Förderkreis die einst heruntergekommene Insel zusammen mit der Bayerischen Schlösserverwaltung wieder hergerichtet: Verwilderte Wiesen wichen einem im Oval gepflanzten Rosengarten; am ›Casino‹ genannten königlichen Sommerhaus traten pompejanisch anmutende Fresken zutage; und in einem Kästchen im Wohnraum entdeckten Restauratoren eine Schublade, zu der nur zwei Personen einen Schlüssel besessen haben sollen: Märchen-Kini Ludwig II. und seine Cousine Sisi, die Kaiserin von Österreich.

Maximilian II. hatte das Eiland um 1850 mit Sommerhaus und Rosenrondell schmücken lassen. Für seinen Sohn Ludwig II., der häufig in Schloss Berg am Ostufer weilte, war die Insel ein Rückzugsort. Und auch Sisi, die vom wenige Kilometer entfernten Schloss Possenhofen stammte, kam gerne auf die Insel. Wenn sich die beiden nicht persönlich treffen konnten, schrieben sie sich Briefe und Gedichte und hinterlegten sie in jenem Kästchen. Sisi erfand das Inkognito ›Möwe‹ für sich, die unstet durch Europa Reisende, und ›Adler‹ für Ludwig, der sich am liebsten in die Einsamkeit seiner Bergschlösser zurückzog. Dass über die heimlichen Stelldicheins getratscht wurde, versteht sich von selbst.

Die Insel ist ein wahres Kleinod, vor allem zurzeit der Rosenblüte zwischen Juni und September. Wir besuchen sie aber nicht allein wegen ihrer Schönheit, sondern auch, weil man hier schon mal ins Wasser springen darf. Haben Ludwig und Sisi das vielleicht ebenfalls gemacht? Wer weiß?

Seit 2012 gehören die bei niedrigem Wasserstand gut erkennbaren Überreste bronzezeitlicher Pfahlbauten rund um die Roseninsel zum UNESCO-Weltkulturerbe.

MAISINGER SEEHOF /// SEESTRASSE 14 /// 82343 MAISING ///
0 81 51 / 74 42 42 /// WWW.MAISINGERSEEHOF.DE ///

REGIONALE GENÜSSE IM NATURSCHUTZGEBIET

Maisinger Seehof in Maising

13

Wenn eine Gastwirtschaft so nahe an einem See (und dessen einzigem Badeplatz) liegt, kann sie eigentlich nur gewinnen. Wenige Schritte sind es vom Strand zum Gasthaus, das bodenständige Küche wie Wurstsalat, Schweinsbratwürstel und Reiberdatschi auf der Speisekarte führt. Biertische und Bänke des Maisinger Seehofs sind immer gut besetzt. An warmen Sommertagen ist es oft schwer, einen Platz zu ergattern.

See und Haus gehen auf eine Initiative des Dießener Klosters Ende des 17. Jahrhunderts zurück. Nach den Wirren des Dreißigjährigen Krieges hungerten die Menschen; die Mönche ließen deshalb einen Weiher aufstauen und setzten Karpfen sowie Schleien ein, die regelmäßig abgefischt als Proteinlieferanten für die umliegenden Dörfer dienten. Noch bis vor wenigen Jahren wurde der See – mittlerweile durch Verlandung viel kleiner geworden und zudem unter Naturschutz gestellt – einmal im Jahr abgelassen, um einen Teil der Fische zu entnehmen. Inzwischen passiert das nur noch selten, wenngleich Maisinger Karpfen als Delikatesse gelten.

Den aus dem ehemaligen Weiherhaus entstandenen Maisinger Seehof gibt es seit 1950. Die Wirtsfamilie legt großen Wert auf authentische Küche aus regionalen Produkten; Fertiggerichte aus industrieller Produktion, die leider bei vielen Ausflugsgaststätten die eigene kulinarische Kreativität ersetzen, werden den Gästen hier nicht vorgesetzt. Auch beim Bier und bei nicht alkoholischen Getränken bevorzugt der Wirt regionale Anbieter. So ist zwar nicht alles öko, dafür aber nachhaltig.

Wir kommen gern am späten Nachmittag hierher, machen einen eineinhalbstündigen Spaziergang um den See und spähen im moorigen Uferbereich nach seltenen Wasservögeln. Danach bestellen wir auf der Seehof-Terrasse die berühmte Seehof-Currywurst, trinken dazu ein Andechser Spezial und genießen den Sonnenuntergang.

Schattige Wanderung durch die Maisinger Schlucht: vom Bahnhof Starnberg in Richtung Söcking und Maisinger Schluchtweg zum See (zwölf Kilometer).

UM SICH NACH DEM SPASS AUF DEM EIS AUFZUWÄRMEN UND
ZU STÄRKEN, EMPFEHLEN WIR EINEN BESUCH IM
GASTHAUS GEORG LUDWIG /// ORTSSTRASSE 16 /// 82343 MAISING ///
0 81 51 / 34 45 /// HTTP://GEORGLUDWIG.JIMDO.COM ///

AUF KUFEN DURCH DIE MOORLANDSCHAFT

Maisinger See im Winter

14

In den 330 Jahren ihrer Existenz ist die offene Wasserfläche des Maisinger Sees um vier Fünftel geschrumpft. Durch Verlandung und Schilfwuchs haben sich 45 der ursprünglich 55 Hektar in Moor verwandelt. Ein nicht ungefährliches Moor, denn der Grund unter dem breiten Schilfgürtel ist nicht stabil und daher tückisch. Die Grasinseln schwimmen auf Wasser und bilden ein Schwingmoor. Wer sich ins Schilf wagt, läuft Gefahr zu ertrinken. Nicht zuletzt deshalb ist das Maisinger Moor ein beliebter Rast- und Nistplatz von Vögeln. Hier werden sie zwangsläufig in Ruhe gelassen.

Als die Dießener Mönche den See 1680 als Fischgewässer anlegten, sahen sie nur eine Tiefe von höchstens zwei Metern vor, was den Verlandungsvorgang beschleunigt. Die geringe Wassertiefe hat aber auch einen unbestrittenen Vorteil: Im Winter friert der See als einer der ersten im Fünfseenland zu, und das oft bis auf den Grund. Den Fans des winterlichen Maisinger Sees kann das nicht schnell genug gehen. Diejenigen, die meinen, es besser zu wissen, schlagen die Warnungen der Wasserwacht in den Wind und wagen sich bereits bei fünf Zentimeter Eisdicke hinaus. Wir raten jedoch dringend an, auf die Empfehlungen der Fachleute zu hören.

Wenn der See freigegeben ist, gibt es kein Halten mehr. Eisstockschießen, Schlittschuhlaufen, Eishockey-Turniere – der See wird zum Sammelpunkt Kufenbegeisterter aller Altersgruppen. Schade, dass sich bislang niemand dazu aufgerafft hat, den Wintersportlern Glühwein oder zumindest heißen Tee zu verkaufen. Der Maisinger Seehof (s. S. 47) am Nordufer ist schließlich im Winter geschlossen. Wir packen deshalb immer eine Thermosflasche ein, wenn wir zum Maisinger See fahren, um dort unsere Kreise auf Schlittschuhen zu drehen. Und bevor wir aufs Eis gehen, wandern wir eine Runde um das Moor, das im Winter ganz still und ruhig daliegt.

Nach dem Eisvergnügen empfehlen wir die Einkehr im Georg Ludwig, wo in gemütlichen, schlicht-modernen Gaststuben regionale Küche serviert wird.

ÜBER DIE A 95, AUSFAHRT IFFELDORF, ERREICHEN SIE DIE OSTERSEEN. STÄRKEN SIE SICH NACH DEM BADEN IM FOHNSEESTÜBERL ODER DEM WEINLOKAL VITUS.

FOHNSEESTÜBERL /// FOHNSEEWEG 30 /// 82393 IFFELDORF /// 0 88 56 / 6 09 42 77 /// WWW.FOHNSEESTUEBERL.DE ///

WEINLOKAL VITUS /// ST.-VITUS-PLATZ 1 /// 82393 IFFELDORF /// 0 88 56 / 80 36 98 /// WWW.VITUS-WEIN.DE ///

MOORSEEN, NACKERTE UND SPARERIBS

Fohnsee – Osterseen

3/11

In wild bewegten Studentenzeiten war es üblich, an heißen Tagen mit möglichst vielen Freunden im klapperigen VW-Bus an die Osterseen zu fahren, dort ein Stück hineinzulaufen ins Naturschutzgebiet und sich ein schönes Plätzchen zu suchen. Über spießige Vorschriften setzte man sich gern hinweg und verzichtete folgerichtig auf Badekleidung. Die Bauern, deren Kühe auf den von den Nackerten okkupierten Wiesen weideten, reagierten anfangs ziemlich böse, ließen die Münchner Invasion jedoch schließlich über sich ergehen. Es waren wunderbare, unbeschwerte Tage!

Aber ja, einen ausgewiesenen FKK-Bereich, sorgsam eingezäunt, gibt es nach wie vor am Fohnsee, unserem liebsten, weil am einfachsten zu erreichenden Ostersee. Doch wenn's reglementiert und erlaubt ist, macht das Nacktbaden nur noch halb so viel Spaß, und außerdem lockt an der nicht textilfreien Badebucht gegenüber das Fohnseestüberl mit international-bayerischer Küche, vor allem mit Spareribs! Die willkommene Gelegenheit, dem ewig bayerischen Wurstsalat oder Schweinsbraten zu entgehen, muss man einfach wahrnehmen. Baden ist überall gleich schön: Die Seen sind warm (Moorwasser), der Grund sumpfig und das Wasser trüb. Vom Fohnseestüberl-Badeplatz sieht man auf die Moorlandschaft, vom FKK-Gelände auf Iffeldorf mit Alpenkette.

Die Osterseen zählen zu den schönsten Biotopen Bayerns. Wanderwege erschließen die charakteristische Eiszerfallslandschaft, die am Ende der Würmeiszeit vor rund 10.000 Jahren entstand. Trollblumen, Frühlings-Enzian und Lichtnelken tupfen bunte Blütenkleckse in die Feuchtwiesen; Haubentaucher recken ihre Bürzel aus dem Wasser, während Buntspechte die Baumrinden beklopfen. Dann, nach ein, zwei Stunden in diesem Naturidyll, kehren wir gern ein, jedoch nicht ohne zuvor noch einmal in einem der Seen geschwommen zu sein.

Wenn es Sie nach feineren Genüssen verlangt, empfehlen wir das Vitus in Iffeldorf mit internationalen Leckereien, bestem Wein und Blick auf den Fohnsee!

AMMERSEE –

BIERWALLFAHRT UND SAM-MELLEIDENSCHAFT

rrsching

KLOSTER ANDECHS /// BERGSTRASSE 2 /// 82346 ANDECHS ///
0 81 52 / 37 60 /// WWW.ANDECHS.DE ///

WALLFAHRT MIT BIER

Kloster Andechs

15

Bergauf sei der Weg leichter als bergab. Nicht weil das Wallfahrtsgelübde die Herzen froher und die Füße leichter mache – vielmehr lasse die verdiente Stärkung in den Wirtsgärten des Klosters die Beine schwer und den Blick trüb werden, heißt es. Aber dermaßen viel trinken wir eh nicht von dem Bier der Andechser Mönche und auch sonst keiner – den wir kennen. Wir nehmen aber, wenn's uns hinauszieht nach Herrsching, trotzdem immer die S-Bahn, denn auch wenn's Schatten gibt auf dem Weg durchs Kienbachtal, auf dem letzten Stück zum Kloster wird's halt doch steiler, und dass der Durst dann kommt, das wissen wir schon vorher.

Die Wallfahrt zum Heiligen Berg von Andechs ist bezeugt seit dem 12. Jahrhundert und damit die älteste Bayerns. Jedes Jahr besuchen über 30.000 Pilger als Gruppenwallfahrer oder Einzelwanderer den Reliquienschatz der Mönche, darunter die Dreihostienmonstranz und ein Zweig der Dornenkrone Christi. Zahlreiche, auch kostbare Votivgaben befinden sich ebenso im Besitz des Klosters. In der Bittwoche im Mai rund um Christi Himmelfahrt kommen besonders viele Gläubige nach Andechs. Dann ist es trotz allen Trubels am schönsten. Die Bäume und Wiesen stehen in sattem Grün, auf dem Berg ist Jahrmarkt mit zahlreichen Verkaufsständen, und in den Biergärten spiegelt sich im Blech der Blasinstrumente weißblauer Himmel.

Seit 1455 residieren die Benediktiner auf dem Berg. Andechs erhält keine Mittel aus der Kirchensteuer. Als Wirtschaftsgut ist es also ausgesprochen erfolgreich. Nicht zuletzt spielen geistige Inhalte nicht spiritueller Natur eine bedeutende Rolle. Die Klosterbrennerei stellt von Enzian über Bitter bis zum Likör so einiges zur Befriedung der Seelen her. Und in den Wirtsgärten und Schankstuben des Klosters finden 2.240 Hungrige und Durstige bequem Platz.

Wer sich für Religion nicht begeistert, ist vielleicht der Musik zugetan: In der ›Schmerzhaften Kapelle‹ der Klosterkirche wurde 1982 Carl Orff beigesetzt.

BAYRISCHE BRANDUNG /// SUMMERSTRASSE 18 /// 82211 HERRSCHING /// 0 81 52 / 13 75 ///

MIENE UND MATO – KARIBIK AM AMMERSEE

Kiosk Bayrische Brandung
und Matos Fischladen in Herrsching

16

Blasslila, hellorange und feuerrote Wolkenfetzen haben den Abendhimmel über dem See eingefärbt. Aus den Boxen der Bayrischen Brandung fließen entspannte Reggae-Rhythmen, und der Cuba Libre schmeckt nach tropischer Hitze, Palmen und weißem Sand. Für ein paar Minuten erliegen wir zusammen mit Spaziergängern, Bootsbesitzern, Kinderwagen schiebenden Eltern und neonbunt gekleideten Radsportlern der Romantik dieses Sonnenuntergangs, halten inne und staunen. Allmählich zerfließen die Farben zu einem bläulichen Grau, bevor die Nacht schließlich die Grenzen zwischen See und Himmel verwischt.

Herrsching am Ammersee besitzt angeblich die längste Seepromenade Oberbayerns; auf jeden Fall schmückt es sich mit den karibischsten Sonnenuntergängen. Ganze Fotoalben könnte man mit den unterschiedlichst getönten und strukturierten Abendgrüßen der Sonne über dem Ammersee füllen, die direkt gegenüber der Seepromenade versinkt. Selbst alteingesessene Promenadenanrainer sind immer wieder aufs Neue hingerissen von dem farbenprächtigen Schauspiel vor ihrer Haustür und bestücken ihre Facebook-Seiten mit Schnappschüssen der Sonnenuntergänge. Miene Reinhard beispielsweise, der an der Seepromenade den sehr lässigen Kiosk Bayrische Brandung betreibt, kann von dem Feuerwerk gegenüber gar nicht genug bekommen und postet im Sommer fast täglich ein neues Bild. Seine winzige, vollgestopfte Bar ist nicht nur abends der Szenetreff an der Promenade. Zu jeder Tageszeit sitzen hier Leute zusammen, trinken Kaffee oder Sprizz, plaudern, lesen Zeitung oder quatschen mit Miene, der einfach jeden zu kennen scheint. Ein paar Tische und Stühle stehen aufgereiht und mit wärmenden Decken ausgestattet vor dem Kiosk in Blickrichtung See, Surfbretter als Dekoration künden von der großen Leidenschaft des Besitzers, der seine Kunden gelegentlich mit dem Angebot von 20 Prozent Rabatt auf alle Drinks bei Vorlage eines nassen Neoprenanzugs (natürlich nur Ammerseewasser) lockt.

Das Sortiment reicht vom Kräutertee über Bio-Panini bis hin zu den höllisch scharfen Kultsoßen von Marie Sharp's aus Belize. Nicht zu vergessen die Drinks. Und natürlich hat Miene Aspirin gegen den Kater oder Pflaster fürs aufgeschlagene Knie zur Hand.

Zwei Häuser weiter hat der unüberhörbar aus Norddeutschland stammende Mato die Traditionsfischerei Stumbaum in einen Kultladen verwandelt. Die Fischbrötchen und viele andere kreative Kreationen wie Fischpflanzerl oder Steckerlfisch aus Matos Fischladen sind weit über den Ammersee hinaus berühmt. Täglich gibt es frischen Räucherfisch aus der eigenen Räucherei. Manchmal (in den Monaten mit R) tischt Mato köstliche Miesmuscheln auf. Überhaupt beschränkt er sich nicht auf Ammerseefisch, es gibt feine Salate, Lachs, Matjes, gelegentlich sogar Austern und ein gut sortiertes Sortiment an Bio-Wein. Reggae ist bei Mato ebenfalls die Musik der Wahl, und auch er hat Tische und Stühle mit Blick auf den See (und den Sonnenuntergang) arrangiert. Mienes und Matos flippiges Biotop an der sonst eher biederen Seepromenade ist unser Ziel Nummer eins, wenn wir an den Ammersee fahren. Ab und an kommt es sogar vor, dass wir angesichts der entspannten Stimmung am See vergessen, was wir von Herrsching aus ursprünglich vorhatten, nämlich die Bierwallfahrt auf den Heiligen Berg zum Kloster Andechs (s. S. 55), das eineinhalb Stunden durchs Kiental entfernt ist. Zum Glück gibt's Andechser Bier auch in der Bayrischen Brandung.

Heute allerdings nicht. ›Heute lass ich zu und geh surfen‹ steht am Kiosk von Miene. Muss auch mal sein. Also kaufen wir Fischbrötchen-Proviant bei Mato und machen uns auf den Weg nach Andechs.

☞ Aller guten Dinge sind drei: Zwischen Miene und Mato liegt El Goros Bootsverleih mit Tret- und Ruderbooten. Der Clou ist das solarbetriebene Boot Benjamin.

MATOS FISCHLADEN /// SUMMERSTRASSE 22 /// 82211 HERRSCHING /// 0 81 52 / 13 75 ///

DER HOFBIERGARTEN GRENZEBACH HAT NUR BEI SCHÖNEM WETTER GEÖFFNET. DIE GENAUEN ÖFFNUNGSZEITEN ERFAHREN SIE UNTER HOFBIERGARTEN GRENZEBACH /// STILLERN 1 /// 82399 RAISTING /// 0 88 09 / 8 62 /// WWW.HOF-BIERGARTEN.DE ///

BÄUME, BÄNKE, BIO, BIER

Hofbiergarten Grenzebach in Raisting

17

Eine unserer Lieblingsrunden mit dem Fahrrad führt von Herrsching über Weilheim nach Wessobrunn und wieder an den Ammersee, wo wir von Dießen mit dem Schiff zurückfahren. Dass es von Weilheim nach Wessobrunn tüchtig bergauf geht, nehmen wir in Kauf. Umso schöner ist die Abfahrt durch den Stillernwald, hinein in das breite und friedliche Rottal.

Aus der Ferne blinken grellweiß die riesigen Antennen von Raisting, und wenig später erreichen wir den Biergarten Grenzebach. Ein lang gestrecktes Gebäude, ein Ausschank und ein herrlicher Garten, mehr ist es nicht, aber mehr als genug – seit 1993. Vor der Biergarteneröffnung hatten die Grenzebachs lediglich einen Hofladen und kümmerten sich hauptsächlich um die Landwirtschaft. Auf der Wiese unter den Bäumen sind in weiten Abständen Tische verteilt, die Sonne sticht Lichtlanzen durch das Blättergewirr, das leise Summen eines warmen Sommernachmittags liegt in der Luft, ein Pärchen döst im Schatten, gerollte Jacken als Kopfkissen, ein Hund jagt einem Stöckchen hinterher, ein Vater spielt mit seiner Tochter Federball.

Gott sei's gedankt, dass wir mit dem Radl hier sind, da haben wir schon allerhand Kalorien verbraucht, haben noch einige Kilometer Wadentraining vor uns und brauchen nicht an uns zu halten. Die Grenzebachs – Norbert und Christine – legen nämlich Wert auf gutes Essen und teilen diese Passion gern mit ihren Gästen. Und gutes Essen heißt für sie übrigens auch, dass die Zutaten aus ökologischer Erzeugung stammen müssen. Die Brez'n sind frisch gebacken, der Obazda ist selbst angemacht und die Fleisch- und Wurstwaren, wie das Tellerfleisch oder der Leberkäs', stammen aus einer Bio-Metzgerei. Dass es auch Currywurst gibt, ist zwar nicht ganz bayerisch-korrekt, aber hinter vorgehaltener Hand: Manchmal muss es einfach sein und dann ist sie so was von lecker!

Die Erdfunkstelle Raisting ist einen Schlenker wert. Das Ufo-Szenario der ersten terrestrischen Satellitensendestation Deutschlands ist absolut sehenswert.

KUPFERMUSEUM /// HERRSCHINGER STRASSE 1 ///
82396 FISCHEN AM AMMERSEE /// 0 88 08 / 9 21 91 31 ///
WWW.KUPFERMUSEUMFISCHEN.DE ///

KÖNIGLICHER BREITOPF

Kupfermuseum in Fischen

18

Mit dem Sammeln ist das so eine Sache, man fängt klein an, kann nicht mehr aufhören und schließlich ist die Scheune voll. Evelyn und Siegfried Kuhnke könnten davon ein Lied singen. Als Antiquitätenhändler war es natürlich ihre Bestimmung, mit schönen, alten Gegenständen umzugehen. Dass es dann aber hauptsächlich Kupfer sein würde, das ihre Hallen füllt, war anfangs nicht zu ahnen.

Als wir die Treppe zum Museum das erste Mal hochstiegen, waren wir etwas irritiert. Kupfer? Kessel? Kabel? Halbdunkel umfängt uns, dann gehen die Lichter an. Überall schimmert es rötlich golden, riesige Töpfe, kleine Kannen, Schüsseln stapeln sich auf Tischen, stehen auf dem Boden und hängen von der Decke. Evelyn und Siegfried Kuhnke führen Besucher gern und mit berechtigtem Stolz durch ihre Ausstellung, in der neben allgemeiner Kupferkunst der gesamte Hochadel Deutschlands vertreten ist, wenn auch ›nur‹ durch die Gerätschaften seiner Bediensteten. Jeder Topf, jeder Deckel ist von Hand gepunzt, zeigt einen Stempel der Wiener Hofburg, des Hauses Württemberg, von Herzog Max aus Possenhofen oder der Hannoveraner. Natürlich stammt nicht alles aus den Schlossküchen, das eine oder andere stand auf der festlich gedeckten Tafel gekrönter Häupter oder wärmte als Bettpfanne die Daunen von Ihro Majestät. Doch nicht nur Profanes wird geboten, denn Kupfer wurde schon immer in der Hochkunst verwendet wie unter anderem Relieftafeln mit religiösen Themen dokumentieren.

Um das einzigartige Museum der Nachwelt zu erhalten, haben Evelyn und Siegfried Kuhnke eine Stiftung ins Leben gerufen, die die Sammlung künftig fortführen soll.

Was uns persönlich unter den Tausenden Ausstellungsstücken am besten gefällt? Natürlich das Possenhofener Breitöpfchen von Sisi, der bayerischen Prinzessin, die dann später ins Ausland ging, um eine gute Partie zu machen.

Wer mehr über Kupfer und die Ausstellungsstücke des Kupfermuseums erfahren will, kauft den hochinformativen Ausstellungskatalog ›Das rote Gold‹.

VEREINBAREN SIE TELEFONISCH EINE FÜHRUNG DURCH DEN KERAMIKPARK BEI LOESCHE KERAMIK /// AM KIRCHSTEIG 19 /// 86911 DIESSEN /// 0 88 07 / 18 77 /// WWW.LOESCHE-KERAMIK.DE /// HTTP://DIESSEN.DE/TOEPFERMARKT.HTML ///

DIESSENER ›PLAB UND WEISS‹

Töpferstadt Dießen

19

Blau-weiße Gartenkugeln leuchten zwischen Vergissmeinnicht, Keramikelefanten ducken sich in den Schatten von Farnwedeln; in einer Ecke haben sich Dießener Eulen aller Größen versammelt. Im Dießener Keramikpark könnte man stundenlang verweilen. Die Eigentümer, Familie Lösche, hätten nichts dagegen. Ihre Keramikwerkstatt ist zugleich archäologische Stätte und Erinnerungsort. Bis 2010 wirkte hier der Patriarch Ernst Lösche, Bewahrer der keramischen Tradition Dießens und Begründer des Keramikparks, den Sohn Wolfgang zusammen mit Schwester Dagmar Larasser nach des Vaters Tod weiterführt. Wie auch das kleine Museum und das Keramikatelier.

Dießen blickt auf eine lange Keramiktradition zurück: Wenn man in der Stadt gräbt, stößt man auf Ton, sagen die Einheimischen. Seit dem 16. Jahrhundert sind Hafner, der bayerische Name für ›Keramikmeister‹, in Dießen verbürgt, doch die Geschichte des Handwerks ist älter, wie Scherben aus dem 11. Jahrhundert belegen. Dass diese gefunden und richtig eingeordnet wurden, ist wiederum den Lösches zu verdanken. 1947 kauften sie ein Grundstück am Kirchsteig und gründeten ihre Keramikwerkstatt. In den 1960er-Jahren pflanzte Ernst Lösche in seinem Garten einen Apfelbaum – und stieß auf Scherben, die bewiesen, dass hier schon vor 400 Jahren getöpfert worden war. Lösche grub, sammelte und datierte. Er bewahrte das Dießener ›plab und weiß‹, blau-weißes Fayencegeschirr, vor dem Vergessen und rückte die Entwicklung der oberbayerischen Keramik in anderes Licht.

Auf dem Dießener Keramikweg vom Seepavillon, in dem alle Dießener Künstler ihre Werke ausstellen, vorbei am mittelalterlichen Taubenturm, heute Ausstellungsraum, und an verschiedenen Ateliers, gehören Museum und Keramikpark der Lösches zu den Höhepunkten. Besonders lebhaft und spannend ist der Weg während des berühmten Dießener Töpfermarkts.

Von Christi Himmelfahrt bis zum folgenden Sonntag findet in Dießen ein internationaler Töpfermarkt statt, begleitet von kulturellem Rahmenprogramm.

ST. GEORG /// KLOSTERHOF 10 A /// 86911 DIESSEN ///

MAKABRES MEMENTO MORI

Kirche St. Georg in Dießen

20

Immer wieder sind wir überrascht, wenn wir auf unseren Touren um Ammer- und Starnberger See in Gegenden geraten, die dem Bild der Millionärs- und Luxusseen so gar nicht entsprechen. Der kleine Ort Sankt Georgen oberhalb von Dießen, mittlerweile ein Stadtteil der Töpfermetropole, ist so eine Ecke. Man radelt gedankenverloren durch das Städtchen und findet sich plötzlich auf dem Land wieder. Mit Freiwilliger Feuerwehr, geduckten Bauernhäusern, gackernden Hühnern und der auf einer Felskuppe thronenden Kirche St. Georg.

Ursprünglich befand sich das im 9. Jahrhundert gegründete Kloster weiter oben, doch nachdem Ungarn es 955 niedergebrannt hatten, zogen die Augustinerchorherren etwas tiefer an die Stelle des heutigen Stifts. St. Georg wurde im 15. Jahrhundert wiederaufgebaut und vereint in seiner Architektur Gotik, Renaissance und Hochbarock. Besonders imposant ist der in Fels geschlagene und durch Wehrmauern gesicherte Aufgang zu Friedhof und Kirche – die Erbauer wollten offensichtlich kein zweites Mal eine Katastrophe riskieren.

Ein idyllischer Friedhof mit schmiedeeisernen Kreuzen umgibt die Kirche, ein friedlicher Ort mit duftenden Rosen und summenden Bienen. Wer würde hier den Tod in all seiner Direktheit erwarten! Doch am Eingang zum Gotteshaus grinsen uns unvermittelt 35 Totenschädel an. Fein säuberlich im Beinhaus aufgereiht, erinnern sie die Gläubigen an ihre Vergänglichkeit. Solche ›Kanter‹ waren früher bei vielen Kirchen üblich. Wurde der Friedhof zu klein, löste man ältere Gräber auf und stapelte die Knochen der Verstorbenen in einer Kapelle, was zugleich als Mahnung an die Lebenden verstanden wurde. In modernen Zeiten wollte die Kirche mit solchem Volksbrauch nichts mehr zu tun haben und löste die Beinhäuser auf. Eines der wenigen, das erhalten blieb, ist der Kanter von St. Georg.

Auch makaber: Am Hochaltar von St. Georg sind die Ärmel der Heiligen Florian und Sebastian mit abgeschlagenen Köpfen ungarischer Brandschatzer dekoriert.

MARIENMÜNSTER /// KLOSTERHOF 10 /// 86911 DIESSEN ///
0 88 07 / 94 89 40 ///

DIE MEISTER DER ILLUSION

Marienmünster in Dießen

21

Man stelle sich vor: Die Stararchitekten Daniel Libeskind und Zaha Hadid schlössen sich mit namhaften Malern und Bildhauern zusammen, um in der bayerischen Provinz eine Kirche zu bauen. Nun, vor rund 300 Jahren ist etwas Vergleichbares geschehen. Das Ergebnis war das Marienmünster zu Dießen. Es ist steinerner Ausdruck der geballten Kreativität der besten Barockkünstler jener Zeit.

Berühmt ist das Gotteshaus für seinen ›Dießener Himmel‹, ein Deckenfresko über dem Chor, auf dem Johann Georg Bergmüller 28 Heilige und Selige des Hauses Andechs-Meranien im Jahr 1736 verewigte – ein Meisterwerk! Dass hier nur Meister ihres Fachs am Werke waren, wird in jedem Detail, in jedem einzelnen Bauglied spürbar. Bereits auf dem Weg zum Marienmünster, die Herrenstraße und Hofmark bergauf, begeistert der schlanke, elegante Glockenturm, der die Handschriften der bayerischen Hofbaumeister Johann Michael Fischer und François de Cuvilliés vereint. Der Westfassade verleihen Pilaster und farblich abgesetzte Felder eine Bewegtheit, als schwinge sie im Rhythmus einer unhörbaren Musik. Beim Eintritt zieht der von Cuvilliés entworfene Hochaltar, inszeniert wie eine Theaterbühne, alle Blicke auf sich. Putten, Rocaillen und Schlingpflanzen umwuchern als helle Stuckornamente der Brüder Feuchtmayer die dunklen Altäre, die unter anderem von Johann Baptist Straub stammen. Er formte auch die Predigtkanzel zu einer beschwingten Empore. Die Kirche ist eine perfekte Komposition!

Am eindrucksvollsten empfinden wir das große Hauptfresko über dem Langhaus. Bergmüller stellte darauf die Klostergründung in Dießen dar und ließ die Szenerie mit atemberaubender Perfektion aus der Decke in die illusionistische Höhe und schließlich in den Himmel wachsen. Unter den vielen das Fresko bevölkernden Figuren ist übrigens auch ein kleiner Hund!

Nahe des Münsters, in der Herrenstraße 7, residiert eine 200 Jahre alte Zinngießerei. Ein Blick ins Carl-Orff-Museum, Hofmark 3, lohnt sich!

STRANDBAD UTTING ///
SEESTRASSE 12 A /// 86919 UTTING /// 0 88 06 / 76 80 ///
WWW.STRANDBAD-UTTING.DE ///

LASSEN SIE SICH SPORTLICH HERAUSFORDERN VON DER STEINLECHNER BOOTSWERFT ///
SEESTRASSE 8 /// 86919 UTTING /// 0 88 06 / 76 21 ///
WWW.STEINLECHNER-BOOTSWERFT.DE ///

ICH HAB' DEIN KNIE GESEH'N

Strandbad Utting

4/11

Gebadet hat man zwar in Utting zu Kaisers Zeiten schon, üblich war es jedoch nicht, und normalerweise besaßen die Leute gar keine dieser erstaunlich albernen Badekostüme. Nur mit diesen durften sie, um die Sittenstrenge der Wächter nicht zu sehr zu strapazieren, ins Wasser. Ab 1911 verlieh man im Standbad Utting deshalb Kleidung und Handtuch. Nach dem Krieg war alles anders. In Deutschland brachen wilde Zeiten mit einer zügellosen Bademode an. In ganz Deutschland? Nein, ein wehrhafter Staat im Süden leistete Widerstand. Utting erhielt 1930 zur Stärkung der Moral zwei Stege, jeder mit Kabinen versehen: Auf dem einen verlustierten sich die Herren, auf dem anderen die Damen.

Am 28. September 1932 gebot der Zwickelerlass dem sündigen Norden endlich Einhalt: ›Das öffentliche Nacktbaden ist untersagt. Frauen dürfen nur dann öffentlich baden, falls sie einen Badeanzug tragen, der Brust und Leib an der Vorderseite des Oberkörpers vollständig bedeckt, unter den Armen fest anliegt sowie mit angeschnittenen Beinen und einem Zwickel versehen ist.‹ Doch nachdem Körperkultur schließlich gegen Ende der 1930er-Jahre endgültig zu etwas rein Deutschem erklärt worden war, hat sich das wieder ein wenig geändert. 1938 wurde ein Sprungturm errichtet, von dem aus sich seither Männer wie Frauen publikumswirksam und in durchaus augenfälliger Bademode herabstürzen.

Es war dieser Sprungturm, weshalb wir als Jugendliche so gern hierher kamen. Und nicht etwa, um oben zu stehen und ab und an mal einem Zögerling über die Planke zu helfen – das haben wir nieee gemacht. 2001 war der Turm so marode geworden, dass er durch einen neuen ersetzt wurde. Hat sich dadurch im Vergleich zu damals etwas geändert? Nein, nein, auch heute noch stehen die Buben oben auf dem Turm. Und ja doch, schubsen, das machen jetzt immer nur die Mädchen.

In der Steinlechner Bootswerft wird bei neuen Trends mitgemischt: Stand-Up-Paddling, auf einem Surfbrett stehend paddeln, ist eine echte Herausforderung.

KLOSTER WESSOBRUNN ///
KLOSTERHOF 4 /// 82405 WESSOBRUNN ///

FÜHRUNGEN DURCH TEILE DES KLOSTERS NACH ANMELDUNG BEIM
PFARRAMT WESSOBRUNN /// KLOSTERHOF ///
82405 WESSOBRUNN /// 0 88 09 / 2 22 ///
WWW.PFARREI-WESSOBRUNN.DE/FUEHRUNGEN-IM-KLOSTER.HTML ///

DIE WIEGE DES BAYERISCHEN ROKOKO

Kloster Wessobrunn

22

Für uns speist sich Wessobrunns Zauber aus der künstlerischen Kraft, die vom Kloster und dessen Stuckateuren hinausgetragen wurde in Kirchen, Schlösser und Klöster Mitteleuropas. Der einzigartige Prälaten- sowie der Fürstentrakt mit filigranen Stuckornamenten, der prunkvolle Tassilosaal, über dessen Decke gipserne Hirsche in wilder Flucht vor der Meute dahinjagen, sind Meisterwerke des Rokoko. Wenn wir Wessobrunn besuchen, haben wir meist Luise Rinsers schmales Bändchen ›Die gläsernen Ringe‹ dabei. Wir setzen uns an eines der Wasserbecken des Brunnenhauses und lesen von Rinsers Kindheitsjahren, die sie während des Ersten Weltkriegs hier im Kloster und besonders gern am Brunnenhaus verbrachte. Für die kleine Luise wurde das Kloster zum Sinnbild des Friedens, der Sicherheit und der Stille.

Beide, der üppige Stuck des Fürstentrakts und das schlichte Brunnenhaus, sind Werke eines der genialsten Wessobrunner Künstler, Johann Schmuzer (1642–1701). Beide nehmen Bezug auf die Gründungsgeschichte des Klosters, das der Agilolfinger-Herzog Tassilo III. (741–796) einrichten ließ, nachdem er bei der Rast auf der Jagd unter einer Linde von drei Quellen geträumt hatte, die kreuzförmig ineinander flossen. Die über tausendjährige Linde, unter der Tassilo schlief, steht außerhalb der Klostermauer und das Brunnenhaus in einem Seitenhof, bewacht von der mächtigen Silhouette eines romanischen Turms. Drei schlichte Bögen sind der einzige Schmuck des niedrigen Baus, vor dem drei Becken das Wasser der Quellen aufnehmen. Hier hat Luise Rinser wohl oft gesessen und den ›Worten der Stille‹ gelauscht. Wir wünschen uns, dass diese Erfahrung uns und allen anderen Besucher Wessobrunns auch weiterhin möglich sein wird. Denn der Konvent soll veräußert werden. Was der Käufer daraus machen wird, ist ungewiss.

In der nach Plänen von Joseph Schmuzer erbauten Pfarrkirche St. Johann Baptist hängt ein wunderbares, um 1250 geschaffenes, romanisches Kruzifix.

UM ZUM PATERZELLER EIBENWALD ZU GELANGEN, FAHREN SIE ÜBER DIE STAATSSTRASSE 2057 VON WESSOBRUNN IN RICHTUNG WEILHEIM UND BIEGEN BEI ZELLSEE NACH PATERZELL AB. PARKPLÄTZE STEHEN DIREKT AM EIBENWALD ZUR VERFÜGUNG.

BESUCH BEI URALTEN BAUMGEISTERN

Paterzeller Eibenwald

23

Nicht weit von Wessobrunn entfernt erstreckt sich ein düsterer Wald aus hohen Tannen und Fichten, in deren Schatten Eiben mit wundersam verdrehten Stämmen wachsen. Mit mehr als 2.000 Bäumen ist dies die größte Ansammlung von Eiben in Deutschland.

Der immergrüne Nadelbaum beflügelt seit Jahrtausenden die Fantasie der Menschen und damit die Mythen unterschiedlichster Völker: Griechen wie Römer, Kelten und Germanen, nordische Mythologie und christlicher Aberglaube kennen Geschichten um die Eibe. In Ovids ›Metamorphosen‹ markieren Eiben den Weg vom irdischen Dasein in die Unterwelt. Die Germanen bestrichen ihre Pfeile mit giftigem Eibensaft, keltische Druiden schnitten aus Eibenzweigen Zauberstäbe. In Shakespeares ›Romeo und Julia‹ träumt Balthasar unter einer Eibe von Romeos Kampf und Sieg. Auf irischen Friedhöfen darf eine Eibe nicht gefällt werden, weil dem Glauben nach jede ihrer Wurzeln aus einem Toten wächst.

Faszinierend ist die Fähigkeit der Eiben, sich aus sich selbst heraus zu erneuern: Manchmal wächst aus dem hohlen, fast abgestorbenen Stamm eines alten Baums ein neuer Spross. Oder aber der neue umwindet den alten und formt einen bizarr verdrehten Stamm, in dem man Fratzen von Gnomen zu erkennen vermeint. Außerdem besitzt der Baum halluzinogene Wirkung – an warmen Tagen dünstet er giftige Alkaloide aus, die Menschen benommen machen können. Unheimlich wirkt auch das rote Holz, das wie eine offene Wunde unter der Rinde hervorscheint.

Wenn wir auf dem kurzen Wanderrundweg durch den Eibenwald spazieren, können wir uns meist nicht entscheiden, was uns mehr begeistert: Die auf Schautafeln erläuterte, eigenwillige Botanik des Baums oder seine magische Bedeutung. An einem nebligen Herbsttag kann es uns hier richtig angst und bange werden.

Lesenswert und mit wunderbaren Fotografien illustriert ist das Buch über Eiben von Fred Hageneder mit dem Titel ›Die Eibe in neuem Licht‹.

DER GIPFEL DES HOHEN PEISSENBERGS LIEGT ZEHN KILOMETER WESTLICH DES ORTES PEISSENBERG UND KANN MIT DEM AUTO ERREICHT WERDEN.

NACH DEM BESUCH VON KIRCHE UND KAPELLE LOCKT DAS TERRASSEN-CAFE-RESTAURANT BAYERISCHER RIGI ZUR EINKEHR.

BAYERISCHER RIGI /// MATTHÄUS-GÜNTHER-PLATZ 2 /// 82383 HOHENPEISSENBERG /// 0 88 05 / 3 30 /// WWW.BAYERISCHER-RIGI.DE ///

WALLFAHRT, PANORAMA UND DER BAYERISCHE RIGI

Hoher Peißenberg

24

Manchmal können ganz pragmatische Erwägungen zu einer Wallfahrt führen. Die Bauern an den Hängen des Hohen Peißenbergs fanden den Kirchgang ins drei Stunden entfernte Peiting angesichts des engen Terminplans, von Vieh füttern über Heu einfahren, schlicht zu zeitraubend. Also beschlossen sie, ein Gotteshaus zu errichten, das von jedem Hof aus gut zu erreichen war. So kam der Hohe Peißenberg 1514 zu einer ersten Kapelle. Das gotische Marienbild darin galt schon bald als wundertätig. Bereits 1616 war die Kapelle für den Pilgeransturm zu klein, und eine Kirche, Mariä Himmelfahrt, wurde angebaut – übrigens ein zauberhafter Renaissancebau. Zu Beginn des 18. Jahrhunderts schließlich wurde die Kapelle renoviert.

Wenn wir die Gnadenkapelle Unserer lieben Frau auf dem Hohen Peißenberg besuchen, bewundern wir jedes Mal ihre hochqualitative Ausstattung. Architekt Joseph Schmuzer, sein Sohn, der Stuckateur Franz Xaver, Freskant Matthäus Günther sowie Bildhauer Franz Xaver Schmädl – die Crème de la Crème der bayerisch-kurfürstlichen Barockkünstler – haben den gotischen Bau 1747/48 in ein licht-verspieltes Schatzkästchen des Rokoko verwandelt, das jedem fürstlichen Anwesen zur Zierde reichte. Vor allem die Fresken von Matthäus Günther haben es uns angetan. Seit sie 2012 restauriert wurden, erzählen sie noch strahlender von der Verherrlichung Mariens durch die vier Erdteile und von Marias Sieg über die Laster. Die Häresie verkörpert darin ein lutherischer Geistlicher!

Es gibt viele Gründe für einen Ausflug auf den 988 Meter hohen Berg. Der Hauptgrund, müssen wir ganz unchristlich gestehen, ist das Panorama. Bei klarer Sicht breiten sich im Süden 200 Kilometer Alpenkette vor uns aus! Grund drei (nach der Kapelle) ist das Terrassen-Restaurant ›Bayerischer Rigi‹, das fürs leibliche Wohl sorgt.

Am Hohen Peißenberg wurde bis 1970 Pechkohle abgebaut. Eine Abraumhalde diente der Kultserie ›Raumpatrouille Orion‹ als Landeplatz auf fremden Planeten.

WEITERE INFORMATIONEN ERHALTEN SIE BEI DER TOURIST-INFORMATION /// HAUPTPLATZ 152 /// 86899 LANDSBERG AM LECH /// 0 81 91 / 12 82 46 /// WWW.LANDSBERG.DE ///

SCHIEFER MARKT UND LINKSVERKEHR

Altstadt von Landsberg am Lech

25

Als Mittelpunkt einer seit dem 14. Jahrhundert florierenden Stadt ist Landsbergs Hauptplatz ziemlich ungewöhnlich, denn er ist dreieckig, liegt am Hang und ist deutlich geneigt. Eine Möglichkeit, ihn auf ein gleichmäßiges Niveau zu heben, scheint es nicht gegeben zu haben. So wirkt das Ganze etwas schief und krumm. Vielleicht macht jedoch genau diese Unvollkommenheit den besonderen Reiz des Hauptplatzes aus, den giebelständige Häuser aus dem 17. und 18. Jahrhundert säumen. Darunter das mit feinem Rokokostuck geschmückte Anwesen von Dominikus Zimmermann. Der in Bayern viel beschäftigte Baumeister lebte ab 1716 in Landsberg und erschuf in den Jahren 1745 bis 1754 ein Werk, das ihn unsterblich machen sollte: Gemeinsam mit seinem Bruder Johann Baptist Zimmermann errichtete er die heute zum UNESCO-Welterbe zählende Kirche in Wies bei Steingaden.

Unter all den historischen, in Pastelltönen gehaltenen Fassaden wirkt der gotische, aus unverputzten Ziegeln gemauerte Schmalzturm wie ein archaischer Riese. Hinter ihm führt die Alte Bergstraße hinauf zum Bayerntor, dem vielleicht schönsten Tor der nahezu vollständig erhaltenen Landsberger Befestigung. Fuhrleute, die mit Salz beladen von Osten nach Landsberg kamen, erwartete hinter dem Bayerntor eine Herausforderung. Die Alte Bergstraße ist mit 18 Prozent Gefälle so steil, dass die Kutscher gezwungen waren, links zu fahren, um ihr Fuhrwerk im Gefahrenfall gegen die Poller auf der linken Straßenseite lenken und so stoppen zu können. Es war also ein hartes Stück Arbeit, die Fracht hinunter auf den Hauptplatz und weiter an den Lech zu befördern, wo das Salz in den noch heute erhaltenen Stadeln gelagert wurde.

Am nettesten finden wir auf dem Hauptplatz die beiden Häuser, deren Giebel voneinander weg weisen. Zwei zerstrittene Brüder sind angeblich dafür verantwortlich.

Die 1752 von Zimmermann in Landsberg erbaute Friedhofskirche St. Johannes am Vorderanger wirkt wie eine Fingerübung für die später errichtete Wieskirche.

BESUCHEN SIE AN DER LECHPROMENADE DIE LICCA LOUNGE ///
HUBERT-VON-HERKOMER-STRASSE 111 /// 86899 LANDSBERG AM LECH ///
0 81 91 / 9 70 79 86 /// WWW.LICCA-LOUNGE.DE ///
LASSEN SIE SICH ANSCHLIESSEND KOMPETENT BERATEN BEI
DISCY /// HUBERT-VON-HERKOMER-STRASSE 111 ///
86899 LANDSBERG A. LECH /// 0 81 91 / 92 20 42 /// WWW.DISCY.DE ///

FLÖSSERGESCHICHTEN UND JAMSESSIONS

Am Lech in Landsberg am Lech

26

Städte, die an einem Fluss liegen, haben ein besonderes Flair – das gilt auch für Landsberg. Da der Lech im Herzen der Altstadt über ein Wehr braust, ist er weder zu übersehen noch zu überhören. Die Stufen führen den Fluss über einen Flinsfelsen, an dem sich lange Zeit mitgeführtes Treibholz staute und den Flusslauf blockierte. Bereits im 14. Jahrhundert wurde diese Barriere mittels einer hölzernen Stufe nivelliert; drei weitere kamen hinzu.

Der Mühlbach, der vor dem Wehr abzweigt und hinter dem Freibad, dem Inselbad, wieder in den Fluss mündet, ist der Rest der im Mittelalter angelegten Floßgasse ›Lange Fahrt‹. Sie diente sozusagen als ›Umgehung‹ für das Wehr, denn Flöße, damals Haupttransportmittel, konnten es nicht passieren. Die Flößer steuerten aus dem Fluss in einen durch Holzbohlen befestigten Korridor, der sie dann unterhalb des Wehrs zurück in den Lech führte. Es war ein ähnlich gefährliches Unterfangen wie die Fahrt durch die Alte Berggasse (s. S. 79). Dennoch wurden im 16. Jahrhundert zwischen 2.000 und 3.000 Flöße im Jahr auf dieser Route gezählt. Erst zu Beginn des 20. Jahrhunderts mussten die Flößer vor der Eisenbahn kapitulieren.

Das kleine Stück Peter-Dörfler-Weg zwischen Karolinenbrücke und Inselbad liegt den Wehrstufen genau gegenüber und ist somit ein idealer Platz für einen entspannten Nachmittag am Fluss. Gleich mehrere Gastronomen haben die Lechpromenade mit Sonnenschirmen, Tischchen und Barhockern bestückt. Wir lassen uns am liebsten bei der Licca Lounge nieder. Sie trägt die keltische Bezeichnung des Lechs im Namen – Licca, der Schnellfließende – und ist zu jeder Tageszeit ein guter Anlaufpunkt. Vormittags zum üppigen Frühstück, nachmittags zu leckerem Kuchen oder abends auf einen Drink und zum spannenden Musikevent mit lokalen Bands, zu denen sogar Fans aus München anreisen.

Kein Landsberg-Besuch ohne Discy: Der Plattenladen neben der Licca Lounge hat ein tolles Sortiment und ist zudem richtig schick eingerichtet!

ÜBER SCHIFFFAHRTEN AUF DEM AMMERSEE INFORMIERT SIE DIE SCHIFFFAHRT AMMERSEE /// LANDSBERGER STRASSE 81 /// 82266 INNING / STEGEN /// 0 81 43 / 9 40 21 /// WWW.SEENSCHIFFFAHRT.DE ///

MACHEN SIE STATION IM BIERGARTEN ALTE VILLA, WO SONNTAGS ZWISCHEN 11 UND 14 UHR JAZZ GESPIELT WIRD.

BIERGARTEN ALTE VILLA /// SEESTRASSE 32 /// 86919 UTTING /// 0 88 06 / 53 44 56 /// WWW.ALTE-VILLA-UTTING.DE ///

MISSISSIPPI-FEELIN'

Raddampfer am Ammersee

27

Die Räder peitschen das Wasser auf beiden Seiten, wenn der Raddampfer Dießen durch das Wasser eilt. Seit 1908 ist er auf dem Ammersee unterwegs, zumindest das, was nach der Generalsanierung 2006 noch in den neuen Bootskörper, der nötig geworden war, eingebaut werden konnte. Aber doch, es ist noch ein altes Boot, die Silhouette der Dießen ist schlank wie damals, als sie aus der Werft kam, nur die beiden riesigen Radkästen lassen sie etwas behäbig und breit wirken. Ähnlich die Herrsching, das modernste Schaufelradschiff Deutschlands, 2002 auf Kiel gelegt, mit modernen Strahlrudern, natürlich einem Diesel, aber mit dem altertümlichen Horn des inzwischen abgewrackten Dampfschiffes Gisela. Für das Horn gibt es einen eigenen Generator, denn Dampf haben weder die Dießen noch die Herrsching, weshalb beide korrekt auch Radmotorschiff (RMS) heißen.

So war Schiffsreisen damals, denken wir uns stets, wenn eines der beiden Schiffe ablegt. Kein hektisches Motorhämmern, kein Strudelgurgeln am Heck, stattdessen beginnen sich die Räder mit ihren fast vier Metern Durchmesser bedächtig zu drehen, tönen mit ihrem flap-flap über das Deck und werden nur langsam schneller. Wie anno dazumal sitzen die Menschen auf ›Deckchairs‹ und Bänken bequem in der Sonne, ein Getränk in der Hand, schauen zu, wie das Ufer vorbeizieht, sehen, wie ein Skipper vor seinem weißen Segel grüßend die Hand hebt und hören das Horn einem vorwitzigen Ruderboot den rechten Weg weisen.

Die Idylle ist also ganz beträchtlich. Wer das Mark-Twain-Feelin' genießen will, der sollte sich bei einer der wöchentlichen Erlebnisfahrten der Seenschifffahrt einbuchen, mit wechselndem Thema, mittags oder abends, etwa dreistündig, mit Speisen vom Buffet, inklusive Getränke – eben wie bei den großen Schwestern auf dem Mississippi.

Fünf Minuten sind es vom Steg in Utting zum Biergarten Alte Villa – gute Gelegenheit für einen Zwischenstopp, besonders sonntags, wenn Jazzer auftreten.

RUND UM DEN TEGERNSEE – MILLIONÄRSSEE MIT BÄUERLICHEM FLAIR

KULTUR- UND ORGELZENTRUM /// GRAF-ARCO-STRASSE 30 ///
83626 VALLEY /// 0 80 24 / 41 44 /// WWW.LAMPL-ORGELZENTRUM.COM ///

LASSEN SIE DEN TAG IN VALLEY AUSKLINGEN BEI EINEM BESUCH DES
WALDRESTAURANTS MAXLMÜHLE /// MÜHLTHAL 1 /// 83626 VALLEY ///
0 80 20 / 17 72 /// WWW.MAXLMUEHLE.DE ///

EIN SCHLOSS, EIN ENTHUSIAST UND VIELE ORGELN

28

Kultur- und Orgelzentrum in Valley

Sixtus Lampl erzählt mit weit ausholenden Gesten von seinem Lieblingssujet, der Orgel. Der zierliche Mann in Kniebundhosen und Trachtenjanker kennt nur diese eine Leidenschaft: Der begabte Musiker und bayerische Denkmalpfleger begutachtet jedes Instrument, das der Auflösung eines Klosters oder eines Gotteshauses zum Opfer fallen soll, und versucht es zu retten. Bei den vielen Orgeln ein Sisyphus-Unterfangen. Aber Sixtus Lampl wäre nicht da, wo er jetzt ist, nämlich auf dem Podium seines Orgelzentrums, wenn er klein beigeben würde. Die Orgeln hat er zur Privatsache gemacht, zusammen mit seiner Frau um jedes Instrument gekämpft, Fördergelder aufgetrieben und schließlich das Orgelzentrum im Alten Schloss Valley eröffnet. Hier und in der Zollingerhalle nebenan stehen 16 konzertfähige Instrumente, das älteste datiert um das Jahr 1600. Viele weitere sind eingelagert oder warten auf den Transport.

Was wir von Sixtus Lampl auf seiner Zeit- und Weltreise durch das Orgeluniversum erfahren haben, ist so spannend, dass wir einen Besuch bei ihm nur weiterempfehlen können. Etwa dass die Orgel eine Erfindung der Antike ist und von den Römern bei den Christenhatzen in den Arenen gespielt wurde. Es dauerte bis zum 8. Jahrhundert, bis das Abendland den Klang der Orgel nicht mehr mit Mord, sondern mit Wohllaut verband. Byzanz hingegen pflegte die Orgel als königliches Instrument, und so erreichte sie als Geschenk schließlich Karl den Großen. Die folgenden Erzählungen untermalt Sixtus Lampl mit Musikbeispielen auf seinen Ausstellungsorgeln.

Wir wurden bei der zweistündigen Führung bestens unterhalten, haben viel gelernt und wunderbarer Musik gelauscht. Und wir haben Valley kennengelernt, ein hübsches Dorf mit dem barocken Alten Schloss, dem Lampls Leidenschaft klingendes Leben einhaucht.

Das Waldrestaurant Maxlmühle liegt idyllisch im Mangfalltal, doch eigentlich kommen wir wegen des frisch geräucherten Fischs und der fantastischen Kuchen.

ANFAHRT VON MÜNCHEN MIT DER S-BAHN NACH AYING ODER KREUZSTRASSE, DANN MIT DEM RAD DER MANGFALL BZW. LEITZACH FOLGEND BIS NARING.

NICHT FEHLEN SOLLTE BEI EINEM ABSTECHER INS GOLDENE TAL EIN BESUCH IM GASTHAUS ZUM GOLDENEN TAL /// IM GOLDENEN TAL 19 /// 83629 NARING /// 0 80 63 / 3 28 /// WWW.GOLDENES-TAL.DE ///

GENUSSRADELN AN DER LEITZACH

Das Goldene Tal

29

Eine unserer Lieblingsradtouren führt uns ins Goldene Tal. Je nach Lust und Laune gestalten wir sie gemächlich und beschränken uns aufs Genussradeln entlang der Leitzach rund um das Dorf Naring, oder aber wir schlagen einen größeren Bogen von der S-Bahn-Station Aying über den Seehamer See zur S-Bahn Kreuzstraße. Diese knapp 50 Kilometer lange Schleife steckt einem dann allerdings schon in den Wadeln.

Bleiben wir beim Genuss. Orte wie Aying, Westerham, Bruckmühl und das Flüsschen Leitzach kennen die meisten Münchner. Dass in dieser Region vor den Toren der Landeshauptstadt ein kleines, von Hügeln abgeschirmtes und von der Leitzach durchflossenes Tal das ›goldene‹ heißt, ist weniger bekannt. Den Namen verdankt es nicht wogenden Weizenfeldern, wie man vermuten könnte, aber doch seiner besonderen Fruchtbarkeit. Schwere Tonböden, viel Wasser und die schützenden Hügel bringen reiche Obsternten hervor. Die Bauern hier waren schon immer etwas wohlhabender als ihre Kollegen in Nachbartälern. Das rief Neider auf den Plan und die prägten den abfällig gemeinten Namen ›Goldenes Tal‹.

Wir lieben es vor allem, den Mäandern der Leitzach durch Wiesen und Wälder zu folgen. Im Frühjahr sind die Böden weiß-blau gesprenkelt mit Märzenbechern und Leberblümchen. Im Sommer kühlen wir die Füße im Fluss und sehen, wenn wir ganz leise sind, eine Wasseramsel oder einen Eisvogel. Im Herbst umhüllt die Blattfärbung das Tal mit einem goldenen Glanz. Dann wird es seinem Namen wirklich gerecht.

Egal ob kurze oder lange Tour: Die Einkehr im Gasthof zum Goldenen Tal darf nicht fehlen. Der Hof stammt angeblich aus dem 16. Jahrhundert. Im Biergarten kann man wunderbar sitzen und dabei prächtig bayerisch essen, Rehgulasch beispielsweise oder würziges Tellerfleisch. Die Fahrt zur nächsten S-Bahn-Station ist derart gestärkt überhaupt kein Problem.

Jeden ersten Sonntag im Monat spielt im Gasthof zum Goldenen Tal von 15 bis 20 Uhr die Naringer Hausmusik unverfälschte oberbayerische Weisen.

DAS JENNERWEIN-GRAB BEFINDET SICH AUF DEM FRIEDHOF DER KIRCHE ST. MARTIN /// PERFALLSTRASSE /// 83727 SCHLIERSEE-WESTENHOFEN ///

OUTLAWS IM OBERLAND

Jennerwein-Grab in Schliersee

30

Den Jennerwein Girgl, den hat der Pföderl Sepp in den Schlierseer Bergen niedergestreckt. Im Rücken hat er ihn getroffen und dann versucht, es zu vertuschen – indem er ihm das halbe Gesicht wegschoss und das Ganze als Selbstmord hinstellte. Mit dem Pföderl war der Girgl 70/71 im Krieg und hat auch die eine oder andere Gams vom Berg geholt. Aber dann wurde der Pföderl Jagdgehilfe. Der Girgl aber liebte die Freiheit und stand mit den Förstern auf Kriegsfuß. Dass sein Vater von den königlich-bayerischen Jägern als Wilderer erschossen worden war und er, gerade mal zwölfjährig, dabei zusehen musste – prägend, oder? Und vielleicht hatten der Sepp und der Girgl ja auch noch eine gemeinsame Freundin?

Ende November 1877 hat man ihn dann verscharrt, den Wilderer, den Verbrecher, der erst neun Tage nach seinem Tod gefunden wurde. Ein paar Jahre später wurde sein Grabkreuz versetzt, weil die ehrenwerten Schlierseer nicht neben dem Wildschützen eingebuddelt sein wollten. Das Grabkreuz also ist authentisch, wo aber seine sterblichen Überreste ihren letzten Frieden gefunden haben – das weiß der Himmel.

Da er als fescher, junger Mann vom gewilderten Fleisch immer auch was verschenkte, hatte der Girgl bei den Mägden im Dorf und den Sennerinnen auf dem Berg einen dicken Stein im Brett (und mehrere uneheliche Kinder). Bald nach seinem Tod wurde er zu einem Freiheitshelden umgedichtet, der auf die Obrigkeit nichts gegeben habe, dem die Berge für alle waren und die Gämsen jedem gehörten.

Ein bisschen suchen muss man schon, um das Grabkreuz auf dem Friedhof zu finden. Man achte auf ein schönes, schmiedeeisernes Kreuz. Der Trachtenverein pflegt die Ruhestätte, auch um zu vermeiden, das Unbefugte das Grab ›verschönern‹. Also, wenn man hier vorbeikommt: Keine tote Gams ans Kreuz hängen, wie zum 99. Todestag des Girgl geschehen!

Die Schlierseer Dorf-Festspielwochen im Juli haben fast immer etwas zum Thema Wilderer im Programm. 2013 war es die Komödie ›Jennerwein – Bluat vo da Gams‹.

MARKUS WASMEIER FREILICHTMUSEUM SCHLIERSEE ///
BRUNNBICHL 5 /// 83727 SCHLIERSEE-NEUHAUS ///
0 80 26 / 92 92 20 /// WWW.WASMEIER.DE ///

VOM SKISTAR ZUM TRADITIONSBEWAHRER

Markus Wasmeier Freilichtmuseum in Schliersee

31

Dem Wasi, so der Spitzname des ehemaligen Skirennläufers Markus Wasmeier, war die zweite Karriere als Gründer eines Freilichtmuseums quasi in die Wiege gelegt. Der Vater arbeitete als Lüftlmaler, also Fassadenmaler, und Restaurator, und so kam der Sohn früh mit traditionellem Kunsthandwerk in Kontakt. Als sich seine Skikarriere nach zahlreichen Weltcup- und zwei Olympiasiegen Mitte der 1990er-Jahre dem Ende zuneigte, packte der heimatverbundene Wasmeier ein neues Projekt an: Er ließ vier denkmalgeschützte und vom Verfall bedrohte Bauernhöfe ab- und am Schliersee wieder aufbauen und richtete sie mit Originalmöbeln ein. Hühner, Enten, Schweine und Bergschafe bevölkern die Ställe und Wiesen. Im Handwerkerhaus üben Schmiede, Schnapsbrenner und Schuster ihr Gewerbe aus. Sogar eine museumseigene, 300 Jahre alte Schöpfbrauerei gibt es.

Nicht nur für Kinder ist das ›altbayerische Dorf‹ ein spannendes Ausflugsziel. Die Sprösslinge freuen sich natürlich über die vielen Tiere, die wie in der guten alten Zeit auf den Wiesen grasen oder sich im Dreck suhlen. Spaß macht es auch, dem Schmied bei der Arbeit zuzusehen oder sogar mitzumachen. Erwachsene wiederum sind berührt von den kargen Lebensumständen, die sich in der Einrichtung der Stuben, in Küche und Stall spiegeln. Ein reizvoller Anziehungspunkt sind die Gärten mit Kräutern und Blumen aus Großmutters Zeiten, durch die spannende Führungen stattfinden. Und wenn der Duft von frisch gebackenem Brot und köstlichen Vintschgerln aus dem Holzofen herüberweht, läuft jedem Besucher das Wasser im Mund zusammen. Das tut's übrigens auch im altbayerischen Wirtshaus ›Zum Wofen‹, Teil des Freilichtmuseums, in dem nach traditionellen Rezepten mit regionalen Produkten gekocht wird. Angeblich setzt sich manchmal der Wasi dazu und spielt die Zither. Authentischer geht's nicht.

Unter den vielen Veranstaltungen im Museum sind uns die Bavarian Highland Games die liebsten: Zu den Disziplinen gehören Strickziang und Fasslrolln.

WIRTSHAUS IM SEE /// INSEL WÖRTH 1 /// 83727 SCHLIERSEE ///
0 80 26 / 9 29 95 88 /// WWW.WIRTSHAUS-IM-SEE.DE ///

EINE INSEL UND EIN WIRTSHAUS …

Wirtshaus im See in Schliersee

32

So ein kleiner See und dann hat er auch noch ein veritables Eiland. Auf seinem Rundkurs legt der Dampfer der Schlierseeschifffahrt dort an, schöner ist es jedoch, mit dem Mietboot in Eigenregie zur Wörth hinauszurudern. Elektroboot ist nicht, sagt der freundliche Herr vom Bootsverleih in Fischhausen, das sei verboten. Etwa 15 Minuten müssen wir uns in die Riemen legen, ehe wir am kleinen Bootssteg östlich des Dampferstegs ans Ufer springen und dem kurzen Pfad hoch zum ›Wirtshaus im See‹ folgen. Auf der baumbestandenen Kuppe erwarten uns sonnenbeschirmte Tische auf der Terrasse. Sie sind natürlich immer am schnellsten besetzt, besonders wenn der Dampfer gerade angelegt hat. Doch die meisten bleiben nur zum Mittagessen und sind bald wieder weg. Wir tun immer erst mal etwas gegen den Durst und dann – ein festes Ritual – besteigen wir den Aussichtsturm, der den Blick über die Baumwipfel hinweg auf die umliegenden Berge erlaubt. Wenn Freunde aus nördlicheren Gefilden dabei sind, können wir mit unserem ›Gipfelwissen‹ brillieren.

Dass der Ruf des Wirtshauses weit über Schliersee hinaus schallt, liegt nicht nur an der herrlichen, ruhigen Lage. Die Küche mit mediterranem Einschlag befriedigt jeden, der leichten Gerichten zugetan ist. Deshalb feiern wir gern die runden Geburtstage der Familie auf der Wörth; dann bestellen wir vor, das Wirtshaus hat bis spät in die Nacht geöffnet und holt und bringt uns mit dem eigenen Boot von und nach Schliersee-Ort.

Was sonst noch? Ach ja, regelmäßig werden wir gefragt, warum es so viele Inseln gibt, die ›Wörth‹ heißen – im Staffelsee, in der Donau, im Starnberger See. Wir haben irgendwann mal nachgeschaut. ›Wörth‹ bedeutet ›Insel in einem Fluss oder See‹ und ›Insel Wörth‹ nichts anderes als ›Insel-Insel‹ – doppelt gemoppelt also. Deshalb sagen wir jetzt immer: Wir fahren auf die Wörth.

☞ Offiziell ist die Wörth kein Badeplatz, aber keiner hat etwas dagegen, wenn der eine oder andere Besucher von der Wiese aus ins Wasser planscht.

CAFÉ MILCHHÄUSL /// KURWEG 4 /// 83727 SCHLIERSEE ///
D 80 26 / 46 76 /// WWW.MILCHHAEUSL-SCHLIERSEE.DE ///

BROTZEIT AM SCHLIERSEE

Café Milchhäusl in Schliersee

33

Groß ist er ja nicht, der Schliersee, aber zwei Stunden dauert es dennoch, ihn zu Fuß zu umrunden – ein schöner Sonntagspaziergang für die ganze Familie also. Das haben zumindest unsere Eltern uns immer erzählt, als wir noch klein waren. So richtig gefreut haben wir uns damals natürlich nicht auf eine zweistündige Wanderung. Da wurde dann stets ein Kniff angewendet: erst Wandern, dann Mittagsrast im Milchhäusl. Und weil wir die Süßspeisen vom Milchhäusl schon kannten und begeistert von ihnen waren, ließen wir uns regelmäßig zu diesem Familienausflug überreden. Dass wir in einem der schönsten Häuschen des typischen Schlierseer Baustils einkehrten, trug zu unserer damaligen Entscheidung nicht bei, zur heutigen allerdings schon.

Besonders im Winter lieben wir die fast 80 Jahre alten, gemütlichen Räume mit ihren warmen Erdfarben, die alten Holzbalken, die sich nicht hinter Verputz verstecken müssen, die angenehme Atmosphäre in den Gastzimmern. Und wir lieben die ersten wärmenden Sonnenstrahlen des frühen Jahres auf der kleinen Blumenterrasse unter dem weit vorkragenden, Schutz bietenden Dach und mitten im Sommer den Schatten unter den Schirmen. Bestellt wird nicht wie damals als Kinder ein Kaiserschmarrn oder im Herbst ein Zwetschgendatschi, heute ist es eher etwas Deftiges, das Weißwurstfrühstück beispielsweise oder die Spinatknödel.

Doch wie damals steht nach der Stärkung jedes Mal eine Seefahrt auf dem Programm. Und wenn es ein sonniger, heißer Tag ist, springen wir vom Boot aus mitten im Schliersee ins Wasser. Dafür haben uns die Leute vom Milchhäusl einen ganz besonderen Tipp gegeben. Etwa 100 Meter nördlich der Wörth befinden sich mehrere Sandbänke, die nur wenige Zentimeter unter Wasser liegen. Hier kann man den Kahn prima verlassen und auch ohne Probleme wieder einsteigen.

Der Schliersee gehört zu den saubersten Gewässern Bayerns, seine Ufer sind weitgehend unbebaut. So locken mehrere Badezugänge, das Handtuch auszubreiten.

DIE BURGRUINE HOHENWALDECK ERREICHEN SIE NACH EINEM 40-MINÜTIGEN ANSTIEG (BERGSTIEFEL SIND EMPFEHLENSWERT). AUSGANGSPUNKT IST DER GASTHOF SCHNAPPERWIRT /// NEUHAUSER STRASSE 4 /// 83727 SCHLIERSEE /// 0 80 26 / 9 29 58 81 ///

STEILE BERGE, MÜDE RITTER

Burgruine Hohenwaldeck über dem Schliersee

34

Ein kaum wahrnehmbarer Felssporn 200 Meter über dem Südostufer des Schliersees weist uns die Richtung bergauf zur Ruine von Hohenwaldeck. Beim Schnapperwirt steigen wir durch den dichten Wald auf; eine gute halbe Stunde dauert es, ein bisschen steil ist es im letzten Wegstück, doch der Wald spendet Schatten. Nur wenig ist erhalten: ein paar mächtige Mauern, überwuchert im Halbdunkel stehend, Felsfundamente, von Moos bedeckt. Doch wir finden, der Weg lohnt sich trotzdem, denn von der Aussichtskanzel mit Kreuz und Bänken ist der Blick auf den zwischen die Berge gegossenen See und seine Insel unvergleichlich. Und die geheimnisvollen Ruinen flüstern uns von einer Zeit, als Ritter noch um die Ehre und das Schöne kämpften. Oder doch nicht? Die Herren von Waldeck sind als Vasallen des Bistums Freising groß geworden, dem im 11. Jahrhundert einfach alles gehörte. Doch die Hohenwaldecker wollten mehr Macht, zeigten wenig Skrupel, brachen mit dem Bischof, schufen sich eine Grafschaft und brachten es sogar fertig, zur evangelischen Konfession überzutreten – nicht auf Dauer, aber immerhin.

Genaueres über die Baugeschichte ist nicht bekannt; wohl um 1150 herum ist die Burg entstanden, als Fluchtpunkt für die Bevölkerung in einer unsicheren Zeit sowie als Wohn- und Befestigungsanlage der Waldecker, die in Schloss Wallenburg bei Miesbach ihren Hauptsitz hatten. Doch die Versorgung der Burg war mühsam, es gab keine Quelle, Steinschläge bedrohten die Bewohner, der Weg nach Schliersee war auf Dauer zu schmal, zu steil und im Winter teilweise gar nicht begehbar. So entschieden die Waldecker um 1400 herum, die Burganlage aufzugeben. 80 Jahre später tat dann ein Felssturz das Seinige und drei Jahre danach starb das Geschlecht aus. Nur der Bergfried überlebte weitere zwei Jahrhunderte, bis schließlich auch er zusammenbrach.

☞ Auf dem Weg vom Schnapperwirt hoch passiert man mehrere informative Tafeln zur Burg und auch zur Ökologie des Waldes mit seiner Flora und Fauna.

ALPENSPA IM ARABELLA HOTEL /// SEEWEG 7 ///
83727 SPITZING / SCHLIERSEE /// 0 80 26 / 79 80 ///
WWW.ARABELLA-ALPENHOTEL.COM ///

WARMER DAMPF UND KALTES WASSER

Alpenspa am Spitzingsee

5/11

Ganz ehrlich, ein klassischer Badesee ist der Spitzingsee eigentlich nicht. Auf 1.100 Meter Höhe ist und bleibt das Wasser selbst in der heißen Jahreszeit einfach – man muss es so sagen – schweinekalt. Nur im Hochsommer gelingt es uns, ohne große Überwindung, ein paar Züge zu schwimmen, nachdem wir verschwitzt von der Rotwand oder der Brecherspitz heruntergekommen sind. Und natürlich im Herbst. Ja, genau, im Herbst. Wenn in der Stadt das Wetter richtig schmuddelig ist, die grauen Nebelwände alles verstellen, dann ist es Zeit für ein paar Stunden Entspannung.

Normalerweise ist ein Hotelspa nicht unser Ding, aber beim Arabella am Spitzingsee machen wir eine Ausnahme. Erstens gefällt uns das Panorama mit dem See und den sich türmenden Bergen, zweitens gehört das Alpenspa zu den Spas, in denen man unaufgeregt entspannt, und drittens ist es super, nach dem Dampfbad in den See zu springen, während die Spaziergänger auf der Uferpromenade fassungslos die Köpfe schütteln über die Wahnsinnigen, die freudig im Eiswasser toben. Für das ganze Vergnügen muss man noch nicht mal Hotelgast sein, Saunalandschaft und Innenpool sind mit Tageskarten zugänglich.

Am Abend bummeln wir noch ein bisschen am größten Hochgebirgssee Deutschlands entlang. Bis zu 16 Meter ist er tief, sein Becken von 3,3 Kilometer Umfang fasst über 2 Millionen Kubikmeter Wasser. Praktisch den gesamten Winter über ist er zugefroren. Dann kommen die Leute hier herauf, um Eis zu laufen, Eishockey zu spielen, zum Eisstockschießen – die ureigene Freizeitbeschäftigung der bayerischen Alpenvorlandbewohner – oder auch nur für einen Glühwein. Der Frühling muss sehr weit fortgeschritten sein, damit das Eis den See nach der langen Wintersaison wieder freigibt; da erblühen bereits die Wiesen ringsum.

Wenn's in den Bergen einen Traditionsfasching gibt, dann am Spitzing. Zum Firstalm-Fasching gehören Ski, wilde Kostüme und Standfestigkeit für die Eisbar.

OEDBERG /// ANGERLWEBER 3 /// 83703 GMUND ///
0 80 22 / 71 95 /// WWW.OEDBERG.DE ///

KLETTERWALD TEGERNSEE ///
ANGERLWEBER 3 /// 83703 GMUND /// 0 80 22 / 18 77 79 ///
WWW.KLETTERWALD-TEGERNSEE.DE ///

EIN BERG FÜR DIE GANZE FAMILIE

Oedberg bei Gmund

35

Manchmal sind die Bayern mit ihrer Werbung ja ein bisschen vollmundig und wer sie glaubt, ist enttäuscht. Ein Familienberg also (heißt es), ein Berg für alle und alles. Unsere Tochter Nadja ist den Kinderschuhen entwachsen. Also laden wir zusätzlich Feli, die sechsjährige Tochter unserer Freunde ein, eher ein Wirbelwind denn eine ruhige Fee, packen die Oma dazu und fahren allesamt hinaus zum Oedberg, zum Antesten.

Vorweg: Stimmt alles, nix zu ningeln. Hochalpin ist er nicht, der Oedberg, sanft sind die Gefälle, dicht der Wald und breit die Lichtungen und Hänge. Für Großmutter suchen wir einen gemütlichen Platz auf der Sonnenterrasse des Wirtshauses und bestellen ihr einen Tee. Einer von uns nimmt Feli bei der Hand und schlendert hinüber zum Spielplatz mit Rutschen, Schaukeln, Klettergerüst und einem kleinen Zoo – das ist es dann erst mal: ›Ich kam, sah und streichelte.‹ Nadja probiert währenddessen den Oedberg-Flizzer aus, über 1.500 Meter Geschwindigkeitsrausch im Rodel bergab. Feli wiederum hat die Rutsche entdeckt, plötzlich erspäht sie jedoch Nadja in der Zielgeraden; nichts wie hin also, kurzes Quengeln, und schon sitzt Feli zwischen Nadjas Beinen auf dem Weg zurück zum Startpunkt.

Wir stellen währenddessen unsere sportliche Raffinesse auf den Prüfstand: Kletterwald, Parcours ›Spinnennetz‹. Fürs Ego ist es ein Desaster; schließlich schaffen wir es aber mit Hängen und Würgen, während ein Halbwüchsiger sich vor Lachen in die Ecke schmeißt. Egal, beim Parcours ›Fuchsbau‹ für Fünfjährige tanken wir wieder Selbstbewusstsein, wir verpassen Feli Gurtzeug und erklären ihr erfahrungsgestählt, wie man einen Klettergarten mit Aplomb und Fortune meistert. Unvermutet tobt Nadja in Sichtweite gänzlich problemlos (uns breit angrinsend) durchs ›Spinnennetz‹. Wirklich wahr, Erziehung ist so was von endschwer.

☞ Im Winter bietet das Kinderland mit Skischule ideale Anfängerbedingungen. Die Beschneiungsanlage sorgt für Schneesicherheit bis ins Frühjahr.

SEGEL- UND SURFSCHULE STICKL /// SEEGLAS ///
83703 GMUND AM TEGERNSEE /// 0 80 22 / 7 54 72 ///
WWW.SEGELSCHULE-STICKL.DE ///

SEHENSWERT BEI EINEM BESUCH IN GMUND IST DIE KIRCHE
ST. ÄGIDIUS /// KIRCHENWEG 5 /// 83703 GMUND AM TEGERNSEE ///

SEGELN MIT TRADITION

Segelschule Stickl in Gmund

36

Barbara Stickl betrachtet erst skeptisch den Himmel über dem Tegernsee und dann die drei jungen Leute, die ein Kielboot leihen wollen. Einen Segelschein können die aus Stuttgart stammenden Landratten zwar vorweisen, aber ob sie genug Erfahrung haben für das über dem See aufziehende Gewitter? Barbara Stickl entscheidet sich für einen Kompromiss. »Ihr könnt die Dyas haben, aber nur für eine Stunde. Ich hab sie schon jemand anderem versprochen, der kommt um 15 Uhr«, erklärt sie. Hofft sie, dass das drohende Unwetter so lange wartet? Nein, sie weiß es sogar ziemlich genau, denn den See und seine Wetterkapriolen kennt die Besitzerin der Segelschule in Gmund wie ihre Westentasche. Und sie weiß auch, dass er ganz schön ungemütlich werden kann.

Wir als Nicht-Segler kommen regelmäßig zu Barbara Stickls Segelschule, um bei ihr ein Ruderboot zu leihen. Wir mögen das etwas flippigere Bootshaus, Barbaras direkte, offene Art, mit der sie jedem Kunden, ob Profisegler oder Tretbootfahrer, begegnet, und die unprätentiöse, lockere Haltung, mit der hier alles gemanagt wird, ganz gleich ob Ruderbootverleih oder Segelkurs. Das ist eine Wohltat am Tegernsee, wo sich schöner Schein und hochnäsige Attitüde gelegentlich allzu sehr in den Vordergrund drängen, auch im Segelsport. Und das, obwohl die Familie Stickl sogar einen Segeleuropa- und Surfweltmeister in ihren Reihen zählt. Die Segel- und Surfschule existiert schon länger als ein halbes Jahrhundert. Vielleicht geht es hier deshalb so entspannt und bodenständig zu.

Kritisch schaut Barbara hoch, der Himmel wird immer dunkler und erste Windböen lassen das Wasser schäumen. Hoffentlich sind die Segler pünktlich zurück. Endlich kommen sie in Sicht, Kurs Segelschule, allerdings viel zu schnell! Barbara läuft auf den Steg, gibt Kommandos und Zeichen und weist die Schüler ein. Ende gut, alles gut.

Besuchen Sie die Kirche St. Ägidius mit ihren nur mittels farbiger Linien geschmückten Wänden und dem barocken Altar von Hans Georg Asam im Kontrast dazu.

SASSA BAR IM LEEBERGHOF /// ELLINGERSTRASSE 10 ///
83684 TEGERNSEE /// 0 80 22 / 18 80 90 ///
WWW.LEEBERGHOF.DE ///

DER SCHÖNSTE SUNDOWNER AM TEGERNSEE

Sassa Bar im Leeberghof am Tegernsee

37

Der Begriff ›Sundowner‹ bezeichnet im englischsprachigen Kulturkreis einen alkoholischen Drink, den man am Ende eines erlebnis- oder arbeitsreichen Tages zum Sonnenuntergang genießt. Wir haben viele Sundowner im südlichen Afrika vor eindrucksvollen Naturkulissen und bei noch eindrucksvolleren Farbspielen am Himmel zelebriert. Dass wir den Begriff und die Stimmung jemals auf eine oberbayerische Szenerie übertragen könnten, wäre uns nicht in den Sinn gekommen – bis uns Freunde von Tegernsee hinauf zum Leeberghof und in die dortige Sassa Bar mitnahmen. Die Sonne ging unter, der Himmel über dem Mangfallgebirge explodierte in einem fantastischen Farbenfeuerwerk, unten im Tal wurde es immer dunkler, bis nur noch die Lichterketten zu erkennen waren, die den See wie Girlanden umschlangen. Der kühle Weißwein im Glas schmeckte nach Sundowner. Die Stimmung war friedvoll und sehr entspannt.

Der Mitte des 19. Jahrhunderts erbaute Leeberghof thront in fantastischer Lage über dem Tegernsee. Seine schicke Sassa Bar ist nicht erst seit dem vor einigen Jahren erfolgten Umbau beliebt. Auch vorher galt sie unter Tegernseer (und Münchner) Nachtschwärmern als Geheimtipp, denn neben dem Berg- und Seepanorama gab's hier ab und an rauschende Feste bis tief in die Nacht, während der See unten längst schlief.

Die Voraussetzungen für den perfekten Sundowner sind allerdings nicht immer gegeben. Das Wichtigste für ein spektakelbuntes und tief beeindruckendes Erlebnis sind ein mit Cirruswolken betupfter Himmel und ein wolkenfreier Horizont. Aber auch tagsüber ist uns die Sassa Bar lieb geworden. Am späten Nachmittag ist der Blick bei Kaffee und Kuchen oder einem frühen Abendimbiss mit Alpen-Tapas ebenso schön, und der Tegernsee leuchtet ganz tief unten in seinem kühnsten Türkis.

Neben vielen gut gemixten Cocktails bekommen Sie in der Sassa Bar auch Slyrs, einen bayerischen Single Malt Whiskey aus einer Destillerie am Tegernsee!

HERZOGLICHES BRÄUSTÜBERL TEGERNSEE /// SCHLOSSPLATZ 1 ///
83684 TEGERNSEE /// 0 80 22 / 41 41 /// WWW.BRAUSTUBERL.DE ///

MUSEUM TEGERNSEER TAL /// SEESTRASSE 17 (ECKE
BAHNHOFSTRASSE) /// 83684 TEGERNSEE /// 0 80 22 / 49 78 ///
WWW.MUSEUMTEGERNSEERTAL.DE ///

VOM BENEDIKTINERKLOSTER ZUR ALLERLEUTSWIRTSCHAFT

Herzogliches Bräustüberl Tegernsee

38

Bei strahlendem Wetter sind alle Bänke und Tische unter den weißblauen Sonnenschirmen besetzt. Der Biergarten des Tegernseer Bräustüberl sieht dann genau so aus, wie es sein Name suggeriert, sehr volkstümlich. Wäre nicht seine einmalige Lage – er könnte sich überall im Oberland befinden. Doch dieser besondere Biergarten schmiegt sich zwischen zwei bedeutende oberbayerische Attraktionen: Vor ihm glitzert der Tegernsee, und hinter ihm erhebt sich streng und ernst die doppeltürmige Fassade von Pfarrkirche und Kloster-Schloss.

Über den Werdegang, die Errungenschaften, Zerstörungen, Umbauten des im 8. Jahrhundert gegründeten Klosters werden Besucher des Heimatmuseums informiert. Die im alten Pfarrhof residierende Sammlung gestattet einen umfassenden Blick auf Geschichte und Brauchtum im Tegernseer Tal und widmet sich ausführlich der Geschichte des Klosters. Der Konvent selbst ist nicht zu besichtigen. 1803 fiel er der Säkularisierung zum Opfer und einem Investor in die Hände, der Teile abriss und das Kupferdach verkaufte. Anschließend bot er das Kloster König Max I. Joseph an, dessen Gattin sich in den Tegernsee verliebt hatte, und vervierfachte die angelegte Summe. Das Kloster wurde zum Schloss umgebaut und diente den Wittelsbachern als Sommerfrische. Inzwischen beherbergen die historischen Gebäude die alteingesessene Tegernseer Brauerei und ein Gymnasium.

Zurück ins Klosterstüberl, und zwar hinein in die schönen Gewölbe, die seit 1680 datieren. Schon damals wurde im Kloster Bier gebraut und im Stüberl die Brauknechte und Fuhrleut' verköstigt. Man erzählt sich gern, dass mit Übernahme des Klosters durch die Wittelsbacher im Bräustüberl Leute von Stand mit einfachen Bauern, Adelige mit Dienern zusammensaßen und tranken. Heute ersetzen Promis aus der ersten und zweiten Reihe den Adel. Allerdings sitzen sie meist für sich.

Sehenswert ist die im 18. Jahrhundert durch Künstler wie Hans Georg Asam und Johann Baptist Straub ausgestattete Pfarrkirche St. Quirinus.

DIE RUDERBOOTFÄHRE PENDELT ZWISCHEN POINT IN TEGERNSEE-ORT UND DEM SEEHOTEL ›ÜBERFAHRT‹ IN ROTTACH-EGERN. WEITERE INFORMATIONEN ERHALTEN SIE BEI DER TEGERNSEER TAL TOURISMUS GMBH /// HAUPTSTRASSE 2 /// 83684 TEGERNSEE /// 0 80 22 / 92 73 80 /// WWW.TEGERNSEE.COM ///

DER ÜBERFÜHRER, DIE WALLBERGHEX' UND DER KINI

39

Ruderbootfähre Halbinsel Point am Tegernsee

›Hol über‹, haben die Menschen dem Überführer einst zugerufen, wenn sie von der Halbinsel Point übers Wasser nach Rottach-Egern wollten oder umgekehrt. Wenig später kam ein kräftiger Bursche in einem Holzboot angerudert und setzte seine Passagiere über. Heute betätigt man eine Glocke, doch bei schönem Wetter ist das gar nicht notwendig, denn der Überführer ist im Dauereinsatz. Immerhin erspart er Spaziergängern einen drei Kilometer langen Umweg um die Egerner Bucht.

Eine alte Sage erzählt von einer stürmischen Nacht, in der der Überführer den Gefahren trotzend nach Point ruderte. Als er die Ruferin auf der Landspitze erkannte, wollte er zunächst abdrehen, denn es war die schreckliche Wallberghexe. Doch der gutherzige Mann ließ sie einsteigen, und sofort verwandelte sie sich in eine Seejungfrau, die ihn inständig bat, das ›Rockadirl‹ zu befreien: ein armes Mädchen, das lieber in den See ging als ins Kloster, wie von den Eltern gewünscht, und nun dazu verdammt war, auf ewig im See zu sitzen und Flachs zu spinnen. Der Überführer stürzte sich ins Wasser, fand die traurige Maid und zerschlug ihr Spinnrad. Das Rockadirl war erlöst, und der Überführer durfte zum Dank drei Wünsche äußern.

Das Überführen ist ein ziemlicher Knochenjob: Der Schlierseer Stefan Mayr, der seit 2011 das sieben Meter lange und mit bis zu 18 Personen beladene Boot über die 200 Meter breite Wasserstraße rudert, bewegt dabei bis zu 40 Mal am Tag drei Tonnen Gewicht. Mit einem Elektroboot ging's leichter, aber Tradition verpflichtet. Die Ruderbootfähre zwischen Point und Egern gibt es seit 500 Jahren. Seit wann die Überführer Lederhose und Trachtenhut tragen, ist nicht verbürgt. Dass sie eine ganz eigene Spezies sind, das allerdings schon. Mit ›Servus Kini‹ soll der Überführer seinen König Max I. Joseph begrüßt haben, als der in die Ruderbootfähre stieg.

☞ Rund um die Point gibt es lauschige Badestellen. Für den kleinen Hunger und Durst verkauft ein Kiosk an der Fähranlegestelle Snacks und Getränke.

BLICK VOM FOCKENSTEIN ÜBER DAS ALPENVORLAND

AUERALM /// 83707 BAD WIESSEE /// 0 80 22 / 8 36 00 ///
WWW.AUERALM.DE, WWW.AUERALMVEREIN.DE ///

NACH DEM AUSFLUG IN DIE HÖHE LOCKT DAS KÜHLE NASS IM
STRANDBAD GRIEBLINGER /// AM STRANDBAD 12 ///
83707 BAD WIESSEE /// 0 80 22 / 8 35 66 /// WWW.GRIEBLINGER.DE ///

VEREINSWELT À LA BAYERN

Aueralm und Fockenstein

40

Wenn der Sommer seinen Zenit erreicht und eine Hitze weit jenseits des Erträglichen das Alpenvorland beherrscht, sind die schattigen Hangwälder bei Bad Wiessee eine Oase der Erholung. Tief eingeschnitten hat sich der Zeiselbach in den Berg, auf ›kühlem Grunde‹ mäandern wir an ihm entlang durch das Tal nach oben. Nach einer scharfen Kehre treten wir schließlich aus dem Wald heraus und stehen vor der Aueralm. Ganzjährig empfängt sie Gäste – im Sommer die Wanderer, im Winter die Skitourengeher und Rodler –, doch der 10. Oktober ist ein ganz besonderer Tag auf der Alm. Pünktlich um 10.10 Uhr beginnt die Hauptversammlung des Auer-Alm-Vereins. Bei 10 Mark stand im Gründungsjahr 1998 der freiwillige Jahresbeitrag (›Wer nicht zahlt, fliegt raus.‹). Heute zählt der Verein 3.000 Mitglieder, die die Hälfte der Einnahmen für gemeinnützige Zwecke verwenden. Bestechenderweise ist der Verein entstanden, weil es den Verein noch nicht gab: ›Dann gründ'n man hoit …‹.

Von der Aueralm ist es eine gute Stunde zum Fockenstein, weitestgehend auf baumlosem Weg beziehungsweise Pfad. Aber gestärkt mit einer Brotzeit halten wir auch heiße Sonnentage aus. Im Winter ist die Besteigung des Fockenstein auf dem Sommerweg übrigens tunlichst zu meiden, denn ein Großteil der Hänge ist lawinengefährdet. Nächste Landmarke ist die Neuhüttenalm, Limo und Bier sind in einem wassergefüllten Trog kaltgestellt. Die Kasse daneben funktioniert nach dem Prinzip ›Gott ist mein Zeuge‹, vielleicht schaut aber auch der Senn hinterm Vorhang. Jetzt nehmen wir den schmalen Bergpfad nach oben und müssen die letzten Meter über den Fels zum Gipfelkreuz auf 1.564 Meter klettern. Werktags und früh losgegangen sind wir dort mit dem beeindruckenden Blick über die Münchner Kiesebene, den Tegernsee, das Mangfallgebirge bis zum Karwendel und zur Benediktenwand meist allein.

Das Strandbad Grieblinger in Bad Wiessee ist eine Traditionsadresse für Familien. Hier ist es das Wasser flacher und damit ideal für kleinere Kinder.

DAS STRANDBAD KALTENBRUNN LIEGT VON GMUND 15 MINUTEN FUSSWEG AM SEE ENTLANG NACH WESTEN.

WILDER STRAND AM NORDSEERAND

Strandbad Kaltenbrunn am Tegernsee

6/11

Ein Stück westlich von Gmund (am besten zu Fuß oder per Rad erreichbar) erstreckt sich entlang des Uferweges unterhalb des Gutes Kaltenbrunn das gleichnamige Strandbad mit Kiesstrand. Weil es ein wenig abseits liegt, ist es hier nur selten überlaufen – fast ein Geheimtipp also.

Vor ein paar Jahren war das noch anders, als Gut Kaltenbrunn in exklusiver Lage mit Blick Richtung Süden über den See und auf die Tegernseer Berge eine beliebte Ausflugsgaststätte war. Kaltenbrunn gehörte einst zum Tegernseer Kloster und landete 1821 in den Händen der Wittelsbacher. Bis 1960 hat man auf dem Gut traditionellerweise Rinderzucht betrieben, danach sattelte man auf Reitstallnutzung und Gastronomie um. 1975 gelangte das Anwesen an ein Münchener Firmenkonglomerat mit Immobilien- und Brauereiinteressen. Zwar nahm es ganz schön Zeit in Anspruch, den gemeindlichen Bebauungsplan umzumodeln, aber schließlich hat es doch geklappt. Dass dabei seltsame Absprachen getroffen worden seien (›Es soll euer Schade nicht sein!‹), gehört sicherlich ins Reich der Fantasie. Auf jeden Fall schien der Weg nun frei für ein Luxushotel. Allerdings kippte das Verfassungsgericht die Sache 2008 – Denkmalschutz und so. Bald danach wurde das Wirtshaus geschlossen, dann brannte das Gesindehaus, schließlich mutierte das denkmalgeschützte Ensemble zum Lkw-Verladehof. Zwischendrin wurde noch ein wenig abgeholzt. Und den Pachtvertrag mit der Gemeinde für die Nutzung als Badeplatz schließen die Besitzer von Kaltenbrunn nur noch für jeweils ein Jahr.

Weil uns der Kopf da zornrot wird und das Blut wallt, ist es gut, dass es den Badeplatz derzeit noch gibt, da können wir uns abkühlen und uns freuen, dass wir den Nordrand des Sees nicht mit Porsche-Prolls und Bussi-Bussi-Blondinen teilen müssen.

☞ Ludwig Erhard, ehemaliger Bundeskanzler, gilt als Vater des Wirtschaftswunders. In Gmund auf dem Bergfriedhof hat er seine letzte Ruhestätte gefunden.

ENZIANHÜTTE /// KALKOFEN 3 /// 83700 ROTTACH-EGERN /// 0 80 22 / 51 03 /// WWW.ENZIANHÜTTE-TEGERNSEE.DE ///

MIT SÜSSEN LECKEREIEN LOCKT DIE CONFISERIE HAGN, DIE ZUM FAMILIENUNTERNEHMEN GEHÖRT, IN DER SEESTRASSE 80 /// 83700 ROTTACH-EGERN /// 0 80 22 / 6 73 13 /// WWW.CONFISERIE-HAGN.DE ///

BAYERISCHES BARBECUE

Enzianhütte in Rottach-Egern

41

Am Wochenende kann es in den Lokalen von Rottach-Egern ganz schön hektisch werden. Wenn wir zu Abend essen wollen, zieht es uns an abgeschiedenere Plätze, in die die Laufkundschaft nicht einfällt. Die Enzianhütte ist so einer. Weg vom Seeufer an einem Mühlbach steht die Hütte mit ihren wind- und wetterbraunen Balken im grünen Obstgarten. Von den entlang der Wände aufgestellten Tischen blickt man auf den Wallberg. Erst um 17 Uhr wird geöffnet, und dann sitzen aber auch schon die ersten Einheimischen da, bestellen ein Bier und gehen gemütlich die Speisekarte durch. Jeder schaut sie sich an, jedes Mal, und bestellt dann doch wie immer einen Grillteller. Damit hat es so seine Bewandtnis. Als in Deutschland, geschweige denn in Bayern, mit Grillen noch keiner was am Hut hatte, in den 1960er-Jahren also, begann Familie Hagn, das Fleisch im Kaminofen mitten im Gastraum direkt auf Holzkohle zuzubereiten. Es war eine Revolution – open kitchen und Erlebnisgastronomie, und beides war da noch gar nicht erfunden!

Über 50 Jahre Wissen über Lagerdauer des Fleisches, Feintuning der Gewürze, optimale Temperatur und Grillzeit vereinen sich in der Enzianhütte – doch egal wieso und warum, es schmeckt einfach köstlich. Die Fleischplatte der Hagns, Senf oder Meerrettich, das tolle Schwarzbrot, ein Bier zum Spülen, mehr braucht's nicht, um einen schönen Sommertag bestens zu beschließen. Und wenn es regnet oder in der kalten Jahreszeit? Dann sitzen wir eben in der Hütte, und es wird richtig gemütlich. Der Kaminofen heizt die Stube, auf den Bänken drängen sich die Menschen, wir kommen ins Gespräch und schließlich und endlich ist da ja auch noch der Enzian. Klar, dass er selbst gebrannt ist, woher soll denn sonst auch der Name der Wirtschaft kommen. Zum Bahnhof gehen wir dann allerdings zu Fuß oder nehmen ein Taxi.

Zum Familienunternehmen gehört die Confiserie Hagn, die neben Standards Pralinen mit weiß-blauen Rauten gemustert, verfeinert mit Bierbrand, anbietet.

STRANDBAD POPPERWIESE /// WEISSACHDAMM ///
83700 ROTTACH-EGERN ///

WELTANSCHAUUNGEN

Popperwiese in Rottach-Egern

7/11

Der Tegernsee galt ja vermögenden Politikern schon immer als bevorzugter Siedlungsplatz. Bei Rottach-Egern wusch sich Schalck-›Midas‹-Golodkowski im See seine Fähigkeiten als Devisenbringer vom Leibe. Dessen Mitprotagonist im Staatsschauspiel deutscher Zweiheit, Franz Josef ›Vater‹ Strauß, bezog schon einige Jahre vorher sein Landhaus in Rottach. Ein vorzügliches Biotop für nachwachsende Erbabgreifer also. Und wo lässt sich Modekonsum erfolgreicher demonstrieren als bei süßem Nichtstun an einer Seepromenade?

Ganz so schlimm war es natürlich nicht. Die Popperwiese galt der Tegernseer Jugend schon immer was, hier kostete es keinen Eintritt, dafür gab's eine schöne Rasenfläche, man lag abseits des Autoverkehrs und hatte den ersten Kiosk am südlichen Teil des Sees vor der Nase. Ein Stück davor, im Prasserbad, blieben die Münchner hängen, das war sowieso No-go. Dahinter, im wunderschönen Strandbad Ringsee der Familie Brand, trafen sich die Familien, war man gesetzt und bürgerlich, vielleicht etwas langweilig; auch nichts für Jugend unter sich. Und nur wenige Schritte entfernt, aber doch wie auf einem anderen Planeten, bot das Kieswerk an der Weißach-Mündung ein zu heftiges Kontrastprogramm. Hier fielen alle textilen Hüllen, das Selbstgedrehte ging im Kreis und Gitarre sowie Bongos begleiteten durch den Nachmittag.

Seitdem ist viel Zeit ins Land gegangen. Die Popper sind verschwunden, die Hippies auch, und statt des Strandbades Ringsee von der alten Brandin vermietet ein Edelteil mit Promilokal Schirme und Liegen zu unappetitlichen Preisen. Doch die Popperwiese ist wie eh und je eines der beliebtesten Strandbäder am Tegernsee. Der Kiosk wurde zu einem richtigen, kleinen Lokal erweitert, der Rasen ist dicht und sattgrün, es gibt einen Kinderspielplatz und sogar einen abgegrenzten Bereich für die Lieblinge der Hundebesitzer.

Im Sommer überschlagen sich die Anrainer des Tegernsees mit Wald- und Seefesten: Bier, Musik, Feuerwerk – beste Unterhaltung nicht nur für Zuagroaste.

NATURKÄSEREI TEGERNSEER LAND /// REISSENBICHLWEG 1 ///
83708 KREUTH AM TEGERNSEE /// 0 80 22 / 1 88 35 20 ///
WWW.NATURKAESEREI.DE ///

GLÜCKLICHE KÜHE, GESCHÖPFTER KÄSE

Naturkäserei Tegernseer Land in Kreuth

42

Begonnen hat es 2007, als den Bauern im Tal der diktierte Milchpreis wieder mal gestunken hat. Diesmal gründeten sie eine Genossenschaft. Ihre Ziele waren ein fairer Milchpreis, die Lieferung von Qualitätsmilch und die Herstellung eines ausgezeichneten Käses. Heute beliefern 20 Milchbauern die Naturkäserei, die über 1.400 Anteilseignern in ganz Deutschland gehört. Die verarbeitete Milch wird als ›Heumilch‹ bezeichnet: Im Sommer wird Gras gefüttert, im Winter Heu mit etwas Getreide, gänzlich silagefrei. Über den Einfluss der Gemütsverfassung von Kühen auf die Milchqualität lässt sich streiten. Dass eine Milch von der Alm kommt und die Kühe kein gegorenes Silofutter, sondern frisches Gras gefressen haben, schmeckt man jedenfalls. Und dass die Produktion nicht industriellen, sondern handwerklichen Maßstäben folgt. Das haben sogar die Münchner bemerkt. Am Wochenende ist der Parkplatz vor der Käserei stets gerammelt voll und auf der Sonnenterrasse fast kein Platz mehr frei.

Wir spähen immer erst einmal den vor uns stehenden Kunden über die Schultern, was in der Verkaufstheke an uns noch nicht bekannten Käsesorten liegt. Die Meister lassen sich nämlich regelmäßig Spezielles einfallen, wählen ein anderes Gewürz, lassen länger oder kürzer reifen, fügen eine besondere Zutat hinzu. Erst dann suchen wir uns einen Platz und bestellen. Holzofenbrot aus der Region, Bergkäse jung oder alt, Kräuterkäse, Weißschimmelkäse, Rosemarie, Leonhard und Laurenzius … Man muss schon häufiger herkommen, will man alle Sorten durchprobieren. Am Schluss gönnen wir uns in der Regel noch einen Fruchtjoghurt – einen, der diesen Namen wirklich verdient. Die Geschmacksrichtung variiert natürlich, je nachdem, was gerade an Bäumen oder Sträuchern wächst. Am Tresen kaufen wir schließlich für Zuhause ein: Käse und die Frühstücksmilch für den nächsten Tag.

Das Erlebnisfrühstück der Käserei findet immer mittwochs um 8.30 Uhr statt, danach geht es auf einem Spaziergang ›durch das Wohnzimmer‹ glücklicher Kühe.

WEITERE INFORMATIONEN ERHALTEN SIE BEI DER TOURIST-INFORMATION KREUTH /// NÖRDLICHE HAUPTSTRASSE 3 /// 83708 KREUTH ///

WINTERIDYLL MIT SCHWARZER SEELE

Wildbad Kreuth

43

Jedes Jahr nach Drei König schauen wir Bayern (und sicher auch viele Nicht-Bayern) in den Nachrichten nach Kreuth auf eine nächtliche Schneelandschaft, in der schemenhaft einige Gebäude zu erkennen sind. Aus einem dieser Gebäude kommt der bayerische Ministerpräsident. Er lässt sich weder die eisigen Außentemperaturen noch den schneidenden Wind anmerken und spricht kernige, bairisch gefärbte Sätze in die Kameras, die tiefgreifende politische Umwälzungen, zumindest aber Streit mit der Schwesterpartei CDU ankündigen. Dann wissen wir, dass alles seine Ordnung hat und Ludwig Thomas ›Münchner im Himmel‹ auch dieses Jahr lieber im Hofbräuhaus bei seinem Bier sitzen geblieben ist, anstatt zur CSU-Klausur nach Kreuth herauszukommen, um der bayerischen Landesregierung auf Petrus' Anordnung hin Gottes weise Ratschläge zu überbringen. Das Leben in Bayern kann weitergehen wie eh und je.

Die Geschichte des Wildbads Kreuth ist eng mit jener des Klosters Tegernsee verbunden. Bereits 1511 ließ Abt Heinrich V. ein Badehaus an den heilkräftigen Quellen errichten. Um die Wende vom 17. zum 18. Jahrhundert, als im Kloster zahlreiche Bauvorhaben realisiert wurden, erhielt das Wildbad Kreuth eine neue Badeanstalt und eine Kapelle. Nach der Säkularisation erwarb König Max I. Joseph die Anlage und ließ sie luxuriös umgestalten, schließlich kamen gekrönte Häupter wie Zar Alexander I. und Kaiser Franz von Österreich zu Anwendungen in das Tal der Felsweißach. Die ›Quelle zum Heiligen Kreuz‹ spielte bei den Therapien eine wichtige Rolle, doch das Mittel der Wahl, um empfindliche Kaisergattinnen gesünder zu machen, war Ziegenmolke. Dafür unterhielt das Wildbad große Ziegenherden. Doch Molke wie Monarchie kamen aus der Mode. Das Heilbad beendete seine Karriere recht unspektakulär 1973. Seither sind die Gebäude an die Hanns-Seidel-Stiftung verpachtet.

Eigentlich ist es schade, dass die meisten den Namen des ehemaligen Kurbads nur mit der CSU verbinden. Denn sowohl die Kuranlage als auch die sie umgebende Landschaft ist wunderschön, und das besonders im Winter. Das Wildbad ist ein Schneeloch, weshalb wir uns keine Sorgen machen müssen über den Zustand der dortigen Loipen oder Schneeschuh-Wanderwege – Ausrüstung ins Auto und los geht's. Wenn der Winter jung und die Muskeln noch nicht trainiert sind, wählen wir für den Einstieg meist die lockere Langlaufrunde vom Wildbad entlang der Weißach bis Klamm. Nur knapp sieben Kilometer hin und zurück, keine nennenswerten Steigungen und Gefälle, die Loipe gut gespurt und aussichtsreich. Wenn das Wetter passt, verlängern wir die Tour bis zur Trifthütte. Vier zusätzliche Kilometer für eine gemütliche, urige Einkehr mit Sonnenterrasse und Blick auf die mit Schnee überpuderten Gipfel von Roß- und Buchstein im Norden, während im Süden der markante Schildenstein mit seinen 1.613 Metern grüßt.

Den Schildenstein nehmen wir uns gern mit Schneeschuhen vor. Der Anstieg von Klamm aus über die Königsalm ist im Sommer ein beliebter Wanderweg, im Winter hingegen meist wenig begangen. Sanft ansteigend führt der Weg zunächst entlang der Winterrodelbahn bergauf und wendet sich dann in das weite Tal der Königsalm, die, wie könnte es anders sein im Tegernseer Tal, König Max I. Joseph baute. 1818 ließ er das im Erdgeschoss gemauerte ›Kavaliershaus‹ neben eine aus dem 18. Jahrhundert stammende Almhütte setzen und kam selbst häufig hier herauf. Im Sommer ist die Königsalm berühmt für ihre frische Buttermilch. Im Winter hat sie leider geschlossen. Auf den Gipfel des Schildenstein sind es von hier noch eineinhalb anstrengende Schneeschuhstunden – doch der herrliche Blick über die winterlichen Blauberge und die Stille, die ein paar Dohlen mit ihrem Gekrächze orchestrieren, lohnen die Mühe allemal.

☞ Nehmen Sie auf die Schildensteinwanderung einen Plastikschlitten mit, dann können Sie den Rückweg auf der Winterrodelbahn nach Klamm vergnüglich verkürzen.

AUSGANGSPUNKT DER KURZEN WANDERUNG IST DER PARKPLATZ SIEBENHÜTTEN AN DER B 307, VON DORT GEHT ES ENTLANG DER HOFBAUERNWEISSACH IN RICHTUNG SIEBENHÜTTEN BIS ZU IHREM ›LIEBLINGSGUMPEN‹.

MUTPROBE IM EISKALTEN BERGBACH

Die Gumpen der Hofbauernweißach bei Kreuth

8/11

Für den Besuch der Gumpen bei Kreuth muss es schon ein besonders heißer Sommertag sein. Und auch dann würden wir die Gumpen nicht unbedingt als Badeplatz, sondern eher zur kurzen, wenngleich sehr malerisch gelegenen Erfrischung empfehlen. Hier wartet ein Bad im Bergbach, auf das der Wagemutige unwillkürlich mit schrillen Schreckensjuchzern reagiert, ehe er noch einmal untertaucht und das unendlich klare, weiche und natürlich eiskalte Wasser genießt.

Die Gumpen sind die Attraktion der kurzen, knapp halbstündigen Wanderung von Kreuth nach Siebenhütten. Die natürlichen Badewannen werden von Wanderern und Radfahrern eifrig genutzt. Nicht jeder springt ganz hinein; viele kühlen nur die Füße und den Kopf. Wir sitzen gern länger an ›unserer‹ Gumpe und schauen dem Spiel des Wassers zu. In Jahrhunderten hat die Hofbauernweißach die runden Becken in den Felsuntergrund geschliffen und geschmirgelt, nun strudelt sie fröhlich durch sie hindurch. Irgendwann wird sie die Beckenwände so dünn werden lassen, dass diese brechen und kleine Wasserfälle entstehen.

Am Ziel des Weges, Siebenhütten, erwartet den Wanderer eine urige Almhütte und eine deftige, einfache Brotzeit. Die namensgebenden sieben Hütten standen auf der 840 Meter hoch gelegenen Alm tatsächlich einmal; heute sind noch drei übrig. Zur Blütezeit des Königlichen Heilbads Kreuth (heute Wildbad Kreuth) in der ersten Hälfte des 19. Jahrhunderts wurden hier bis zu 500 Ziegen gehalten. Die beim Käsen anfallende Molke war Grundlage der Kur- und Schönheitsanwendungen in Kreuth. Wir halten uns da lieber an den köstlichen Bergkäse aus der Naturkäserei Tegernsee (s. S. 121), zu dem kräftiges Bauernbrot schmeckt. Derart gestärkt ist eine weitere Gumpen-Mutprobe auf dem Rückweg ein Kinderspiel.

Mit gutem Schuhwerk empfehlen wir ab Siebenhütten den Abstecher in die malerische Wolfsschlucht (weitere 45 Minuten und auf gleichem Weg zurück).

GMUNDER PAPIERWELT /// MANGFALLSTRASSE 5 ///
83703 GMUND AM TEGERNSEE /// 0 80 22 / 7 50 00 ///
WWW.GMUND.COM ///

AND THE WINNER IS …

Gmunder Papierwelt

44

Feingeistig mit spitzer Tintenfeder an Formulierungen feilen und dem Niederzuschreibenden einen würdigen Platz verschaffen, das ist sicherlich keine Tugend, die man den Bayern rundheraus zuspricht. Doch bereits seit 1829 liegt etwas abseits vom Gmunder Ortskern die Büttenpapierfabrik. Von Johann Nepomuk Haas gegründet, stellt die Fabrik, seit 1904 in Besitz der Familie Kohler, mit heute 100 Mitarbeitern feinste Papierqualitäten her, die sie in die ganze Welt liefert. Dass sich eine normalerweise hochgradig wasservernichtende und als energieintensiv verschriene Industrie im idyllischen Tegernseer Tal halten kann, dafür wurde in Gmund einiges getan und viel in Technik investiert. Eine hypermoderne Wasserreinigungsanlage auf Ozonbasis sorgt für niedrigen Verbrauch und quellsauberes Wasser, einen Großteil der Energie erzeugen firmeneigene Wasserturbinen und Solarzellen.

Unsere Tochter nehmen wir hierher schon gar nicht mehr mit, ihre Einkaufswünsche würden ein schwer zu stopfendes Loch in unseren Geldbeutel reißen. Aber irgendwie ist es zu verstehen. Ein Besuch des Verkaufsraumes der Gmunder Papierwelt ist farblich und haptisch ein absoluter Genuss. Die unterschiedlichsten Papierstrukturen, knallige und dezente Farben, rau und glatt, glänzend und matt – zahllos schillern die Kuverts, Blöcke, Bögen, Taschen, Kartons oder Mappen wie Regenbogen. Und immer sind sie edel und perfekt. Wer an einem ersten oder dritten Donnerstag im Monat vorbeischaut, erlebt auf einer Führung die Herstellung der Meisterwerke des Papierschöpfens.

Übrigens gehen einmal im Jahr 24 handgefertigte goldene Briefumschläge von Gmund aus auf eine längere Tour. Mit dem Flugzeug reisen sie von München nach Los Angeles, werden dort mit einem Kärtchen befüllt und zugeklebt. Und bei der Oscarverleihung wieder aufgerissen.

Elegant, überaus robust und praktisch sind die Notitzbüchlein ›Notebooks‹ aus Gmund. Die beliebten ›Moleskines‹ können sich dahinter nur verstecken.

TÖLZER LAND –
IM HERZEN DES OBERLANDS

NACH EINEM BAD IM KIRCHSEE LOCKT DER BIERGARTEN DES KLOSTERBRÄUSTÜBERL REUTBERG /// AM REUTBERG 2 /// 83679 SACHSENKAM /// 0 80 21 / 86 86 /// WWW.KLOSTERBRAEUSTUEBERL-REUTBERG.DE ///

DUNKLES MOORWASSER VOR LICHTER BERGKULISSE

9/11

Kirchsee in Sachsenkam

Während in den anderen Seen im Alpenvorland noch frostige Temperaturen gemessen werden, hat die Badesaison am Kirchsee meist schon begonnen. Der See wird von Bächen aus dem umliegenden Ellbach-Kirchseemoor gespeist und ist mit 16 Meter Tiefe recht flach. Die Frühsommersonne heizt ihn bald auf, zumindest auf erträgliche 21 Grad, die nach einem langen oberbayerischen Winter und dem oft verregneten Frühjahr die fröstelnde Seele wohlig wärmen. Herzerwärmend wirkt ebenfalls die malerische Umgebung: Nach Süden lugen Karwendel und Benediktenwand über den dunklen Wald. Von einer Anhöhe im Südosten grüßt der Zwiebelkappenturm der Kirche Mariä Verkündigung von Kloster Reutberg.

Als unter Naturschutz stehende Moorlandschaft sind weite Teile des Kirchseeufers gesperrt. Badenden stehen nur vereinzelte Wiesen und Stege am Nordufer zur Verfügung, die an warmen Tagen schnell besetzt sind. Wir haben es uns deshalb zur Gewohnheit gemacht, morgens an den Kirchsee zu fahren. Um acht Uhr ist die Welt dort noch in Ordnung; die wenigen Frühaufsteher genießen das milde Licht und die Stille ebenso wie wir. Das dunkle, klare Wasser ist spiegelglatt. Ein paar Blässhühner kieksen sanft nach ihren Jungen, und selbst die Frauengruppe, die sich an einem der Stege zum Frühstückspicknick trifft, plaudert mit gesenkter Stimme. In dieser Stimmung durch das braune Wasser zu schwimmen, ist einfach paradiesisch. Es gleicht einem Gleiten oder Schweben. Der Blick schweift über die stille Moorlandschaft und bleibt an den Bergzacken hängen.

Wenn sich Wiesen und See füllen, ziehen wir um. Zu Fuß ist es eine kurze Wanderung zum Kloster Reutberg und seinem Klosterbräustüberl mit Biergarten, wo Klosterbier ausgeschenkt wird – übrigens eines der wenigen, die in Bayern genossenschaftlich gebraut werden.

Die Klosterkirche bewahrt eine im 17. Jahrhundert angefertigte Kopie der Loretto-Marienstatue. Das Gotteshaus ist dringend renovierungsbedürftig.

VON BAD HEILBRUNN AUF DER LANDSTRASSE IN RICHTUNG RAMSAU UND OBERBUCHEN (3,5 KILOMETER), ABSTECHER IN DAS BUCHNER FILZ AUF FELDWEGEN (2 KILOMETER), WEITERFAHRT IN RICHTUNG UNTERBUCHEN UND BUCHNER WEIHER (1,5 KILOMETER).

UM OBERBUCHEN, UNTERBUCHEN UND DRUM HERUM

Im Buchner Filz

45

Dürfen wir Ihnen ein Fleckchen Oberland vorstellen, das zwischen der Isar und der B 11, zwischen Bad Tölz und Bad Heilbrunn in einem toten Winkel zu liegen scheint? Die beiden Kurorte im Südosten und Südwesten ziehen alle Aufmerksamkeit auf sich, und so bleibt dem gemächlichen Hügel- und Moorland die Rolle des schlafenden Dornröschens, über dessen Hecke nur ab und an ein Genussradler schaut, sich an den milden Steigungen freut und an der recht intakt wirkenden ländlichen Umgebung. Felder werden beackert und bestellt, glückliche Kühe grasen auf den Weiden, in winzigen Weilern ratschen die Alt-Bäuerinnen über den Zaun hinweg miteinander, mit einem Auge wachsam bei den Enkeln im Garten. Sonst nichts.

Nun, ein bisserl was schon: Da ist beispielsweise das Dorf Oberbuchen, rund 50 Häuser und eine abseits auf einem Hügel thronende Kirche mit Zwiebelturmkappe und großem Friedhof. Die Pest hatte den Ort 1627 besonders hart getroffen, über 300 Tote wurden auf dem Hügel bestattet. Die Überlebenden, es können bei der Größe des Ortes nicht viele gewesen sein, gelobten für ihre Rettung den Bau einer Kirche. Kunsthistorisch ist das Kirchlein interessant, als Fotomotiv mit der Alpenkette dahinter unübertroffen. Doch das Wetter muss stimmen; das Bild funktioniert nur bei Föhn.

Ein paar Radelminuten weiter fahren wir gern tiefer hinein ins Buchner Filz, durch das der Heubach plätschert. Im Moorgebiet sind viele seltene Schmetterlinge beheimatet, manchmal sehen wir einen Schwalbenschwanz oder einen Perlmuttfalter. Die Tour endet mit einer Rast am Buchner Weiher bei Unterbuchen. Der kleine Moorsee befindet sich in Privatbesitz, deshalb ist im Sommer ein geringer Eintritt zu entrichten. Außerhalb der Badesaison ist man hier mit Picknickkorb und zwitschernden Vögeln völlig allein.

Manchmal radeln wir ohne festes Ziel durch die Region und machen reizvolle Entdeckungen, wie den hübschen Weiler Wolfsöd mit behäbigen alten Bauernhäusern.

CAFÉ LOVE /// AMORTPLATZ 2 /// 83646 BAD TÖLZ ///
0 80 41 / 7 99 16 61 /// WWW.CAFE-LOVE.DE ///

MEHR VOM KÄSE AUS DEM FRÜHSTÜCKSANGEBOT DES CAFÉ LOVE
ERHALTEN SIE IM TÖLZER KASLADEN /// MARKTSTRASSE 31 ///
83646 BAD TÖLZ /// 0 80 41 / 7 93 84 47 ///
WWW.TOELZER-KASLADEN.DE ///

FRÜHSTÜCK MIT LIEBE IM HERZEN

Café Love in Bad Tölz

46

Mit der Liebe haben sie's im Café Love. Überall blinken dem Gast Herzchen und der Schriftzug ›Love‹ entgegen. Nicht jedermanns Sache, aber über Geschmack lässt sich bekanntlich streiten. Gemeint ist hier natürlich der ästhetische Geschmack, denn die Einrichtung im großmütterlichen Stil, mit vielen zuckerweißen und rosa Details, ist nicht unser Favorit. Der kulinarische Geschmack hingegen liegt völlig auf unserer Linie.

Dass das Café Love zu unseren Lieblingsplätzen im Oberland zählt, liegt an der Terrasse direkt an der Isar und dem tollen Frühstück, das die flinken und freundlichen Bedienungen servieren. Auf der Karte stehen verschiedene Frühstücksvarianten und eine Vielzahl an Zusatzangeboten wie beispielsweise der legendäre Beeren-Smoothie. Je nach Stimmung, Hunger und Zeit wählt man zwischen dem ›Kleinen Frühstück‹ mit Croissant und Marmelade, einer mittleren Größe wie das ›Mademoiselle‹ (mit Prosecco!) bis hin zum ›Grande‹, vor dem selbst gestandene, hungrige Männer kapitulieren dürften. Viele Zutaten stammen von nachhaltig produzierenden oder Bio-Betrieben. Die Eier haben glückliche, freilaufende Hühner gelegt, und das wirklich delikate Brot wird im ›Back Heisl‹ in Greiling gebacken. Der Clou aber ist die Präsentation all dieser Köstlichkeiten: Sie sind wunderbar dekorativ auf Etagèren angerichtet! Man kann sich an diesen appetitlichen Auslagen gar nicht sattsehen und würde am liebsten auf das Sattessen verzichten, so hübsch sind sie.

Auf der schattigen Terrasse mit Blick auf die Isar und die Tölzer Altstadt schmecken auch herzhafte Bruschette und knackige Salate, doch der Geheimtipp sind Gebäck und selbst gebackener Kuchen. Angesichts der mit Leckereien beladenen Etagèren werden nicht nur Schleckermäuler schwach. Es ist wirklich liebreizend, das Café Love. Und frühstücken kann man hier den ganzen Tag.

Wenn Ihnen der Frühstückskäse geschmeckt hat, empfehlen wir einen Besuch im Tölzer Kasladen, wo noch viele weitere Käsesorten auf den Genießer warten.

AUSKUNFT ERTEILT DIE TOURIST INFO BAD TÖLZ /// MAX-HÖFLER-PLATZ 1 /// 83646 BAD TÖLZ /// 0 80 41 / 7 86 70 /// WWW.BAD-TOELZ.DE ///

EIN BUMMEL ZWISCHEN PRACHTFASSADEN

Marktstraße in Bad Tölz

47

Die von der Isar bergauf führende Marktstraße zählt zu den eindrucksvollsten Beispielen voralpenländischer Architektur im Oberland. Herausgeputzt wie die Tölzer Mädchen und Frauen zur Leonhardifahrt wetteifern die mit Lüftlmalereien geschmückten, behäbig-breiten Häuser um den Preis des Schönsten. Es ist eine wahre Freud' auf halbem Weg bergauf innezuhalten und diese Pracht auf sich wirken zu lassen. Geschuldet ist sie dem Wohlstand, den Tölzer Flößer und Händler am Kreuzungspunkt zweier alten Handelsstraßen anhäuften – der Salzstraße von Reichenhall ins Allgäu und dem von Süd nach Nord führenden Transportweg Isar. Die meisten Anwesen wurden zwischen dem 15. und dem 18. Jahrhundert errichtet. Viele sind Kaufmannshäuser, erkennbar am großen Durchfahrtstor zum Hinterhof, in dem die Handelswaren gelagert wurden.

Doch über der Marktstraße liegt eine irritierende Einheitlichkeit, die das über Jahrhunderte gewachsene Stadtbild nivelliert. Stuck, Malereien und Baudetails sind nicht in den Stilformen von Renaissance und Barock ausgeführt, sondern scheinen aus dem Historismus zu kommen. Verantwortlich dafür war der aus München stammende Architekt Gabriel von Seidl (1848–1913), der seine Sommerfrische gern in Bad Tölz verbrachte und dem es gelang, die Hausbesitzer an der Marktstraße von seinem Konzept eines ›bayerischen Heimatstils‹ zu überzeugen. Zu diesem gehörten eben Lüftlmalereien, Erker und vor allem Giebel – nicht umsonst wurde er in Tölz ›Giebel-Gabi‹ gerufen.

Das, was wir an der Marktstraße als typisch oberbayerisch und historisch gewachsen betrachten, ist also eine Art Seidl'sches Dorf, nur dass hier die Fassaden wertvolle, barocke Bausubstanz verbergen. Schön ist es trotzdem, so schön, dass wir immer wieder hierher kommen, um über die Lüftlbilder, die vorkragenden Dächer und die Prunkgiebel zu staunen.

Die Leonhardifahrt Anfang November zählt zu den eindrucksvollsten Wallfahrten im Oberland. Die Prozession zieht auch durch die Marktstraße.

HB
WIRTSHAUS ZUM STARNBRÄU /// MARKTSTRASSE 4 ///
83646 BAD TÖLZ /// 0 80 41 / 4 40 00 30 /// WWW.STARNBRAEU.DE ///

BRATWURST MIT MUSIK

Wirtshaus zum Starnbräu in Bad Tölz

48

Ein bisschen skeptisch darf man schon sein, wenn ein neues Wirtshaus im schönen Bad Tölz ausgerechnet damit wirbt, dass Steaks und Würste in der Gaststube auf offenem Buchenholzgrill zubereitet werden. Das klingt nach neumodischem Event-Cooking, ist jedoch bei genauerer Betrachtung Tradition. Bairisch nennt man eine solche Einrichtung ›Wurstkuchl‹. Allerdings landen in einer solchen nur Bratwürste und keinesfalls Steaks auf dem Rost.

Aber ohne Referenz an den Zeitgeschmack käme wohl kein Gastwirt über die Runden, erst recht nicht mit einem so großen Haus, wie es der Starnbräu ist. 2009 haben Gerda und Peter Reichert die seit dem 16. Jahrhundert beurkundete Braustätte renoviert und eröffnet, standesgemäß mit einem prächtig aufgeputzten Gespann von Kaltblütern, das sich, beladen mit Fässern Hofbräuhaus-Bier aus München, auf der Marktstraße dekorativ zur Schau stellte. Ebenso dekorativ kommt die Speisekarte daher, die eine Rindssuppe als ›Am Stare sei Supp'n‹ anpreist. Wir sind eigentlich keine Freunde solcher Pseudobairisierungen, sie nehmen auf den Speisekarten vieler Lokale im Oberland doch überhand. Aber die ›Supp'n‹ ist gut, ebenso wie die unter dem Pseudonym ›Isarfloß‹ auf dem Tisch anlandenden Rostbratwürstel vom Buchengrill.

Der eigentliche Reiz am Starnbräu ist jedoch die Musik. Das Gasthaus hat sich zu einem Sammelbecken für Künstler der verschiedensten Genres entwickelt. Am Wochenende spielen sie zum Frühschoppen auf, Freitag- und Samstagabend stellen sich traditionelle Ensembles vor oder Vertreter der eher zu Weltmusik neigenden, modernen Stilrichtung oberbayerischer Volksmusik. Immer wieder treten auch bekanntere Bands oder bayerische Kabarettisten auf. Einen echten Hoagascht, also eine Art bayerische Jamsession, haben wir im Starnbräu zwar noch nicht erlebt, aber das kann ja noch werden.

Unbedingt durch die Marktstraße (s. S. 139) bummeln! Kommt Ihnen die Nr. 48 bekannt vor? Hier befindet sich das Polizeirevier in ›Der Bulle von Tölz‹.

BLICK VON DER KREUZIGUNGSGRUPPE AUF DIE ›KRONE VON TÖLZ‹

KATZENSPRUNG ZUM ÖLBERG

Kalvarienberg von Bad Tölz

49

Steht man in Tölz unten an der Isar, dort, wo die dicht bevölkerte Marktstraße beginnt, mag man kaum glauben, dass in unmittelbarer Nähe stille Abgeschiedenheit herrscht. Nur wenige Schritte vom Markt führt eine kurze Treppe hinauf zum Beginn des Kreuzweges hoch zum Kalvarienberg mit seinen fünf Kapellen. Der Weg endet auf dem Golgatha-Hügel, über den eine monumentale Kreuzigungsgruppe wacht. Die Kreuzkirche, die ›Krone von Tölz‹ mit ihren zwei schlanken Türmen, grüßt in die Ferne, und die Leonhardikapelle ist einmal im Jahr, am 6. November, das Ziel einer Pferdewallfahrt. Die Bänke unter den breiten Kronen der Laubbäume laden nicht nur Gläubige ein. Auch wer Ruhe haben will, kommt gern hier herauf; eine Mutter wiegt ihr Kind in den Schlaf, ein junges Paar erträumt sich eine verliebte Zukunft, ein älterer Herr ist in sein Buch versunken.

1711 hat es begonnen: Ein ehrenwerter Zollbeamter stiftete am ehemaligen Tölzer Hinrichtungsplatz, dem Galgenleit'n, ein Kreuz, sieben Jahre später sieben Wegkapellen und – unter freiem Himmel erbaut – die Heilige Stiege, das Symbol für die Scala Sancta in Jerusalem. Tölzer Zimmerleute errichteten 1718 die Leonhardikapelle in Erinnerung an die Blutweihnacht von Sendling 1705, und gleichzeitig entstand die Doppelkapelle auf dem Golgatha-Hügel mit der Kerker- und der Annagelungskapelle. Seitdem ist viel Zeit vergangen; Kapellen sind verschwunden, neue wurden errichtet, die hölzerne Stiege ist überbaut und die Kreuzkirche wurde angefügt.

Noch vor wenigen Jahren sind Gläubige in der Mitte der dreiläufigen Treppe auf ihren Knien hinaufgerutscht, in Erinnerung an Jesus, der in Pilatus' Palast auf der Scala Sancta seinem Todesurteil entgegenstieg. Heute wird dieser Brauch der Selbstkasteiung und -disziplinierung immer seltener, kaum einer noch mag sich die Knie schmutzig machen.

Die letzte Ruhestätte des Stifters, Salz- und Zollbeamter Friedrich Nockher, befindet sich in der Grabkapelle unterhalb der Heiligen Stiege.

DAS GIPFELKREUZ AUF DEM ZWIESEL

FÜR SPASS UND ACTION AUF DEM BLOMBERG SORGT DER KLETTERWALD BLOMBERG /// AM BLOMBERG 1 A /// 83646 BAD TÖLZ-WACKERSBERG /// 0 80 41 / 7 93 56 92 /// WWW.KLETTERWALD-BLOMBERG.DE ///

ANSCHLIESSEND GEHT ES RASANT ABWÄRTS MIT DER BLOMBERGBAHN /// AM BLOMBERG 2 /// 83646 BAD TÖLZ-WACKERSBERG /// 0 80 41 / 37 26 /// WWW.BLOMBERGBAHN.DE ///

FAMILIENGLÜCK UND GIPFELBLICK

Zwiesel und Blomberg

50

1.348 Meter sind keine Höhe, sagen sich viele, ein Grasbuckel! Und dann führt da auch noch eine Seilbahn auf den Blomberg. Von dort aus ist es doch eh nur eine halbe Stunde auf den ›Gipfel‹ des benachbarten Zwieselberges, langsam gegangen! Also zucken die meisten mit den Schultern und winken ab. Falsch, grundfalsch. Erstens ist der Blick vom Zwiesel auf Karwendel und Wettersteingebirge unvergleichlich, zweites hat er schöne große Wiesen auf seiner sanft gerundeten Höhe, drittens macht ihn seine einfache Erreichbarkeit zum idealen Ausflugsziel für Familien mit kleineren Kindern und viertens ist der Blomberg zudem ein tolles Ziel für Jugendliche, denn er sorgt mit einem Kletterwald für Spaß und Herausforderung.

Besuchen uns also befreundete Familien aus dem Norden mit kleinen und größeren Kindern, dann ist klar, dass ein Ausflug zum Blomberg auf dem Programm steht. Dort ist eben für jeden etwas dabei. Wer nicht mit der Seilbahn rauf will, hat sein Work-out beim Hinaufwandern; wem der Abstieg zu langweilig ist, der saust mit den Sommerrodeln der Blombergbahn durch Steilkurven und Schikanen talwärts; und auf dem Gipfel erwarten eine Berghütte mit Sonnenterrasse, Bier und Brotzeit, Abenteuerspielplatz, Kunst am Berg und ein Waldlehrpfad die Wanderer.

Vereinsamen wird man nicht zwischen Blomberg und Zwieselberg. Besonders am Wochenende, wenn nicht nur die Tölzer den Nachmittag nutzen, sondern die Münchner Familien mit Sack und Pack anreisen, ist einiges los. Dann heißt es schon mal anstehen an der Essensausgabe des Blomberghauses. Und in den Wipfeln des höchstgelegenen bayerischen Waldseilgartens bleiben einem auf den Parcours stets ein paar Minuten zwischen den einzelnen Attraktionen, um den Blutdruck auf ein erträgliches Niveau abzusenken (was wir als nicht gänzlich Schwindelfreie im Übrigen als äußerst angenehm empfinden).

Nicht nur im Sommer lockt der Blomberg. Eine Attraktion ist der Skilauf mit Musik bis 22 Uhr; dazu gibt's heiße Getränke an der Blombergtennen Schneebar.

KRÄUTER-ERLEBNIS-PARK /// WÖRNERWEG 4 ///
83670 BAD HEILBRUNN /// 0 80 46 / 3 23 ///
WWW.BAD-HEILBRUNN.DE/KRAEUTER-ERLEBNIS-PARK-1 ///

HEILKRÄUTER UND HEXENKUNST

Kräuter-Erlebnis-Park in Bad Heilbrunn

51

Irgendwie finden wir jedes Mal, wenn wir hierher fahren, dass Bad Heilbrunn etwas unglücklich und stiefmütterlich zwischen Tölz und Penzberg liegt. Dabei schmiegt es sich ganz adrett zwischen die Hügel unterhalb des 1.200 Meter hohen Stallauer Ecks, unweit von Zwiesel und Blomberg. Und Heilbrunn (man lasse sich den Namen auf der Zunge zergehen!) ist ein Ort mit Tradition. Dass allerdings die Kelten für ein längeres Kurwochenende herkamen, ist unwahrscheinlich, sie nutzten das stark mineralhaltige Wasser nur zur Salzgewinnung. 1159 legten Mönche aus Benediktbeuern die bis dahin vergessene Quelle frei und hielten ihre Heilkraft erstmals in einer Urkunde fest. Zum Bad Ischl Bayerns wurde Heilbrunn dann ab 1537, als die Herzöge und späteren Kurfürsten begannen, hier regelmäßig das eine oder andere Zipperlein auszuheilen, oder ihre Frauen zur Verbesserung der Gebärfreudigkeit herschickten.

Aber: Der Mensch lebt nicht von Geschichte allein. Dass wir manchmal nach Heilbrunn kommen, liegt am Kräuter-Erlebnis-Park, einem der schönsten Kurgärten des Oberlandes. Klein ist er und fein, durchdacht und erlebnisreich. Zwei Bachläufe durchziehen ihn, breite Holzliegen laden zur Rast; Hecken, Beete und Bäume sind geschickt gepflanzt und schaffen eine Oase stimmiger Landschaft. Den Planern des Parkes ging es allerdings nicht allein um Ästhetik; der Park soll auch Wissen vermitteln. Und dafür werden Führungen mit den Isar-Loisach-Kräuterpädagoginnen, auf bairisch ›Kräuerhexen‹, angeboten, an denen wir immer mal wieder teilnehmen – besonders wenn ein neues Thema ansteht. Sie erklären kurzweilig die Pflanzen, ihre Wirkung und wie das Kräuterwissen entstand. Andere Führungen widmen sich der Erstellung von Kosmetik oder Medizin aus ätherischen Ölen der Kräuter oder erläutern, welche Blüten essbar sind und wie man sie zubereitet.

Der Schönauer Weiher einen Kilometer nördlich ist ein recht warmer Moorsee mit Liegewiese, wegen des Treppenzugangs aber für Nichtschwimmer nicht geeignet.

DER KLETTERGARTEN BAD HEILBRUNN LIEGT AN DER B 472, 1.100 METER ÖSTLICH DER B 11. VOM PARKPLATZ IM WALD SIND ES NOCH FÜNF MINUTEN ZU FUSS BIS ZUM KLETTERGARTEN.

EINE WAND IM WALD

Klettergarten bei Bad Heilbrunn

52

Ganz so leicht ist die unmarkierte Abzweigung in den Wald nicht zu finden, und auch die Wände des ehemaligen Steinbruchs sind nicht schon aus der Ferne zu erkennen, sondern tauchen steil und jäh im Wald auf. Übrigens sie sind nicht wie zu erwarten aus Granit, sondern aus ›Enzenauer Marmor‹ genanntem festem Sandstein, für das Oberland nicht gerade typisch. Das Baumaterial für den Wittelsbacher Brunnen von 1895 am Münchner Maximiliansplatz und die König-Ludwig-Gedächtniskapelle am Starnberger See stammt von hier.

Weil die Schwierigkeitsgrade im Klettergarten im unteren Bereich liegen, ist er ideal für entspanntes Fun Climbing. Haken sind vorhanden und für Toprope-Nutzer seitliche Aufstiege möglich. Nur wenn es geregnet hat, wird es heikel. Die von den Bäumen vormittags beschattete Wand braucht lange, bis sie trocken ist, und der feuchte Sandstein verliert beträchtlich an Reibung. Was wir am Klettergarten besonders mögen? Dass er wild ist. Er liegt einfach so im Wald, die Sicherungen haben Kletterer der Region über die Jahre angebracht, und jeder kann jederzeit herkommen. Doch unsicher ist er deshalb noch lange nicht. Regelmäßig schauen Experten des Alpenvereines vorbei und prüfen die Anlage.

Ein kurzer, holpriger Waldweg führt vom Parkplatz bergauf, und bald scheinen die ersten Farbtupfer durch den Wald. Anweisungen ertönen, Antworten schallen zurück. Am Fuß der 28 Meter hohen Wand wird der Weg zum schmalen Pfad zwischen Wald und Fels, folgt diesem nach hinten, wo eine quer stehende Wand den Abschluss bildet. Auch diese Abgelegenheit und die spezielle Situation des schmalen Lichtraumes lockt besonders die Einsteiger an, die ihre ersten Griffe üben, ohne dass Gaffer mit nervendem Geschwurbel kommentieren. So hat hier jeder seinen Aufstiegskanal und kann sich aufs Wesentliche konzentrieren.

Wenn der Stein zu rutschig ist, weichen wir in die Tölzer Kletterhalle aus – kein vollwertiger Ersatz für das Klettern im Freien, aber dafür mit Biergarten.

TRACHTEN-INFORMATIONSZENTRUM ///
MICHAEL-ÖTSCHMANN-WEG 2 /// 83671 BENEDIKTBEUERN ///
0 88 57 / 8 88 33 /// WWW.TRACHTEN-INFORMATIONSZENTRUM.DE ///

DIRNDL IM ARCHIV

Trachten-Informationszentrum in Benediktbeuern

53

Backenkurze Dirndl in kreischendem Pink auf Oktoberfest-Tischen – ist das Tracht? Na ja, irgendwie schon! Wir selbst mussten erst lernen, dass es die traditionelle Tracht, so wie wir sie heute sehen, nicht immer gab. Die Männer und Frauen auf dem Land hatten zwar praktische Kleidung, die geeignet war für ihre jeweilige Tätigkeit, doch sie haben auch stets in die Stadt geschielt. Und von den Leuten dort haben sie sich einiges abgeguckt, um sich an einem Festtag mal so richtig aufzubrezeln. Das fanden wiederum die Städter toll und nahmen beim Landausflug das eine oder andere Gwand mit. Die Tracht als Zeichen regionalen Selbstbewusstseins kam erst im 19. Jahrhundert auf. Bayern war nun Königreich, Brauchtumsvereine entstanden, stifteten nationale Identität, und die Tracht war eines der wichtigsten Vehikel der Traditionsbünde. Um 1900 begann schließlich der endgültige Siegeszug von Dirndl und Lederhose in der Stadt. Dass heutige Dirndl oft äußerst stoffsparend bemessen sind, mag Ästheten Gänsehaut machen; doch eigentlich war's ja schon immer so: Tracht ist Mode, und bei der gibt's dauernd etwas Neues, ob man das nun mag oder nicht.

Wo wir das erfahren haben? Im Trachtenzentrum des Bezirks Oberbayern im Kloster Benediktbeuern! Doch keine Angst, hier ist man trotz allem ›traditionellen‹ Werten verbunden. Man archiviert und bildet Trachtenkundler oder auch Konservatoren fort, bietet Schnitt- und Nähkurse an. Für dem Schönen zugewandte Trachtenfreunde ist der Besuch sogar ein absolutes Muss. Denn das Zentrum bietet so einiges zum Kauf, was man in Läden für ›Landhausmode‹ in dieser Art und Qualität garantiert nicht sieht: Hosenträger, Messer, Loferl (Wadenwärmer), Bindl (das Halstuch für den Herrn), indigogefärbt und in Blaudruck, und natürlich total angesagte Taschen für die Dame, ein Ridicule zum Beispiel oder ein Zeger.

Ein Blick in die Anastasiakapelle in Benediktbeuern ist Pflicht: Rokoko-Rausch aus den Händen des Wessobrunner Meisterduos Feuchtmayer und Zeiller.

ANFAHRT: BEI KLOSTER BENEDIKTBEUERN DEN GROSSEN PARKPLATZ PASSIEREN UND AM MOOSMÜHLWEG PARKEN. DEM MOOSMÜHLWEG SOWIE DER BESCHILDERUNG ›MOOSWEG‹ BIS VOGELSTATION MOOSMÜHLE UND VOGELBEOBACHTUNGSSTATION FOLGEN. KURZ DANACH FÜHRT EINE HOLZBOHLENBRÜCKE AUF DEN ERLEBNISPFAD.

WEITERE INFORMATIONEN ERHALTEN SIE VOM ZENTRUM FÜR UMWELT UND KULTUR BENEDIKTBEUERN (ZUK) /// ZEILERWEG 2 /// 83671 BENEDIKTBEUERN ///0 88 57 / 8 87 77 /// WWW.ZUK-BB.DE ///

TARZAN UND JANE IM OBERLAND

Moorerlebnispfad bei Benediktbeuern

54

Der Pfad soll wohl ein Geheimtipp bleiben, anders ist das Versteckspiel nicht zu erklären. Trotz Anfahrtsbeschreibung stehen wir – zwei irritierte Erwachsene und drei wanderunlustige Kinder – unweit des Klosters Benediktbeuern an der Vogelstation Moosmühle mitten in der Natur, suchen vergebens nach Hinweisschildern und wissen nicht weiter. Zum Glück kommt eine Familie vorbei, die den Eingang zum Moorerlebnispfad kennt. Ein paar hundert Meter weiter und dann über eine Brücke aus Holzbohlen. Gefunden.

Die fast improvisiert wirkende Brücke war nur der Anfang, und die Kinder sind nicht mehr zu halten. Als Wanderweg kann man die Konstruktionen aus Baumstämmen und schwankenden Bohlenwegen durch Schilfrohr und über Hochmoorlandschaft wirklich nicht bezeichnen. Es ist eine Art Dschungelpfad, auf dem unsere drei alles tun – von Balancieren über Hüpfen bis Klettern –, nur nicht brav wandern. Im Grunde ist das perfekt simulierte Abenteuer Moor Anregung genug, schließlich öffnen sich links und rechts des Pfads geheimnisvolle Moorlöcher, und wer ein paar Schritte neben den Bohlen geht, spürt, wie weich und federnd der Boden ist. Aber wer ein richtiger Moortarzan ist, der muss einfach auf der Lianenschaukel schwingen und auf dem Schwebebrett seinen Gleichgewichtssinn testen. Wir Erwachsene sehen da schnell alt aus.

Höhepunkt des Erlebnispfades, den das Zentrum für Umwelt und Kultur Benediktbeuern angelegt hat, ist das Floß, auf dem wir uns aus eigener Kraft über ein schmales Moorauge ziehen, allerdings nur, wenn ein Führer des ZUK dabei ist. Oder doch der Flying Fox, eine Art Seilbahn, mit der die Kinder jauchzend übers Moor sausen? Eigentlich sollten wir den Weg in einer Stunde absolviert haben, aber da haben wir die Rechnung ohne unsere Begleitung gemacht. ›Noch mal bitte‹ sind die am häufigsten gehörten Wörter auf diesem Ausflug.

Spannend und informativ wird der Ausflug bei einer Führung durch Referenten des Zentrums für Umwelt und Kultur. Dann kann man auch das Floß benutzen.

DEO
CŒLI REGINÆ
SANCTO GEORGIO M.
ST. GEORG /// AM BÜHEL /// 83673 BICHL ///
WWW.PFARREI-BENEDIKTBEUERN.DE ///

DÖRFLICHES KLEINOD BAROCKER KUNST

Kirche St. Georg in Bichl

55

Hell und licht strahlt der Kirchenraum der St. Georgskirche. Zartes Gelb und Weiß umrahmen bewegte Freskenbilder, die vom Martyrium des heiligen Georgs erzählen und von der Bekehrung der Königin Alexandra, die sogleich eine Götzenstatue entzweibrechen lässt. Auf dem prunkvollen Hochaltar bezwingt selbiger Georg auf seinem Schimmel einen finsteren Drachen. Wohlwollend sehen ihm die Evangelisten in den vier Ecken des Hauptraums dabei zu.

Geschichten wie diese erzählen die Fresken vieler ländlicher Kirchen, denn gerade der heilige Georg ist ein beliebter Bauernheiliger. Sie jedoch in solch künstlerischer Vollendung dargestellt zu sehen, ist eine Seltenheit. Drei Namen, die uns in dieser an Kirchen und Klöstern reichen Region in repräsentativen Gotteshäusern immer wieder begegnen, haben sich in Bichl zusammengetan, um im Kleinen Großes zu vollbringen: Die Mittel für das Engagement der Künstlerstars kamen vom nahen Kloster Benediktbeuern, als dessen Filialkirche St. Georg bereits ab dem 12. Jahrhundert bestand. Baufällig geworden, wurde das Kirchlein im 18. Jahrhundert abgerissen. Johann Michael Fischer, Schöpfer der grandiosen Anastasiakapelle von Benediktbeuern, errichtete von 1751 bis 1753 ein neues Gotteshaus. Johann Jakob Zeiller, von dem das Deckenfresko in der Kapelle stammt, verwandelte Fischers Raum in ein schwingendes, klingendes Bilderbuch. Johann Baptist Straub, Münchner Hofbildhauer und Spezialist für Hochaltäre, setzte St. Georg und den Drachen in Szene.

So finden wir also in der Kirche ein Meisterwerk vor, meist hinter einem die hohe Kunst schützenden Gitter. Nur ein Detail irritiert. Die großen Drei kamen gänzlich ohne den im Barock obligatorischen Stuck aus! Freskant Zeiller, ein Meister der Illusion, malte ihn aus Gründen der Sparsamkeit einfach auf.

In Bichl startet beim Schwimmbad eine landschaftlich schöne, auch für Anfänger geeignete Loipe nach Benediktbeuern (sechs Kilometer, klassisch und Skating).

MURNAU, KOCHEL, MITTENWALD – BAUERN, KÜNSTLER, KÖNIGE

Achtung
Staatsgrenze
deuter

ISLAMISCHES FORUM /// BICHLER STRASSE 15 /// 82377 PENZBERG ///
0 88 56 / 93 23 32 /// WWW.ISLAM-PENZBERG.DE ///

KUNSTVOLL UND TRANSPARENT FÜR WELTOFFENEN ISLAM

Islamisches Forum in Penzberg

56

Beim Betreten des Gebetsraums empfängt einen dieses alles umhüllende, intensive Blau. Die nach Osten weisende Wand der Moschee besteht aus blauem Recyclingglas und erstrahlt bei Sonnenschein wie ein Kristall. Davor wölbt sich die ›Mihrab‹ genannte Gebetsnische aus mit kunstvollen Arabesken verziertem Goldblech. Einziger Schmuck an den Wänden sind goldfarbene Kalligrafien. Ein blauer Teppich bedeckt den Boden. Ein Raum, der zum Meditieren einlädt.

Als wir 2005 vom Bau einer Moschee im oberbayerischen Penzberg hörten, waren wir gelinde gesagt verblüfft. Der 16.000-Seelen-Ort hat zwar eine lange Bergbaugeschichte und deshalb einen großen Anteil fremdländischer Bevölkerung, aber dass ausgerechnet hier einer der kühnsten Moscheeneubauten realisiert wurde, ja, werden konnte, war doch überraschend. Überall wehren sich Anwohner gegen Moscheen, und die Penzberger sollten das einfach so hingenommen haben? Als wir das ›Islamische Forum‹ dann erstmals sahen, konnten wir sofort verstehen, warum dieser Bau auf so positives Echo stößt. Er ist unglaublich schön.

Der aus Bosnien stammende Augsburger Architekt Alen Jasarevic hat mit dieser Moschee alle Ängste vor dem Islam beschwichtigt. Genial ist seine Antwort auf die Furcht vor einem Minarett, von dem der Gebetsruf ertönt. Als arabische Kalligrafie ist der Ruf in die Stahlplatten des Minaretts gefräst. Das Minarett selbst ruft also; abends, wenn es von innen beleuchtet ist, ist das besonders eindrucksvoll. Das Spiel mit Licht und Farben, mit durchbrochenen und transparenten Flächen, mit den kunstvollen Ornamenten arabischer Schriftzeichen, setzt den Anspruch der 600 Mitglieder zählenden islamischen Gemeinde auf Offenheit symbolisch um. Und die Moschee strahlt ihn aus, im wahrsten Sinne des Wortes.

Die Moschee ist tagsüber außerhalb der Gebetszeiten fast immer zugänglich; Schuhe bitte ausziehen. Zum ›Tag der offenen Moschee‹ finden Führungen statt.

MURNAUER MOOS /// RAMSACH /// 82418 MURNAU ///

GÖNNEN SIE SICH BEIM BESUCH IN MURNAU EINE PAUSE IM GEMÜTLICHEN BIERGARTEN DER GASTSTÄTTE ÄHNDL /// RAMSACH 2 /// 82418 MURNAU /// 0 88 41 / 52 41 ///

OHNE MOOS NIX LOS!

Murnauer Moos

57

Wenn sich im Sommer zum Abend hin bedrohliche Gewitter türmen und die Sonne am Horizont schwarze Wolken von unten beleuchtet, sie zur grellbunten Wattedecke werden lässt, ist die Stimmung auf der weiten Fläche einmalig – allerdings verlassen wir dann schnell den Moorrundweg und suchen einen Unterschlupf, Blitz und Donner sind hier kein Spaß. Doch eigentlich ist es im Moor das ganze Jahr über schön, im Frühling blühen Orchideen und Vögel zwitschern, im Altweibersommer chargiert das Laub in allen Rot-, Braun- und Gelbtönen und feine Fäden schweben und schimmern im Licht. In der kalten Jahreszeit gleichen die Rotwildfährten im Schnee übermütig getupften Punktlinien, die bis ans Ende der Welt reichen, und vereiste Äste bilden surrealistische Strichzeichnungen vor stahlblauem Himmel.

Das Murnauer Moos, dessen Landschaft der Loisachgletscher vor über 10.000 Jahren durch Aushobelung eines Beckens formte, ist jedoch nicht einfach nur schön. Es erfüllt zudem einen wichtigen Zweck als Überlebensraum bedrohter Flora und als Rückzugsgebiet seltener Reptilien und Insekten. Über 1.000 Farn- und Blütenpflanzenarten wachsen hier, mehrere Hundert von ihnen stehen auf der Roten Liste. Dass das Moor heute so ist, verdanken wir einigen Einheimischen, die bereits 1927 Sorge trugen, dass der Kernbereich des Moors landwirtschaftlicher Nutzung vorenthalten blieb. Seitdem sind weitere Flächen hinzugekommen, Entwässerungssysteme wurden rückgebaut. Heute ist das 1980 in der Gesamtfläche zum Schutzgebiet erklärte Moos mit 32 Quadratkilometern das größte zusammenhängende Moorgebiet Mitteleuropas. Und was es noch außergewöhnlicher macht: Es vereint unterschiedliche Ausprägungen sowie deren typischen Randgebiete, und gleichzeitig ist es Nieder- und Hochmoor. Nur wegen dieser Vielgestaltigkeit kann es so zahlreichen Lebensformen Unterschlupf bieten.

Der Ähndl ist einer der gemütlichsten Biergärten im Oberland, die Ähndl ist die St.-Georgs-Kirche nebenan; ihre Glocke soll aus dem 8. Jahrhundert stammen.

DIE FRONLEICHNAMSPROZESSION FINDET AM ZWEITEN DONNERSTAG NACH PFINGSTEN IN 82418 SEEHAUSEN STATT.

EINMALIG ÜBERNACHTEN, IN SCHÖNEM AMBIENTE MIT KUNSTGENUSS, LÄSST ES SICH IM GALERIE & ART-HOTEL AM EICHHOLZ /// AM EICHHOLZ 21 /// 82418 MURNAU /// 0 88 41 / 58 63 /// WWW.ARTHOTEL-MURNAU.DE ///

MIT DEM BOOT ZUR MESSE

Fronleichnamsprozession in Seehausen am Staffelsee

58

Viele Brauchtumsveranstaltungen erscheinen wie jahrhundertealte Institutionen. Auch die überaus malerische Fronleichnamsprozession am Staffelsee gehört in diese Kategorie. Dabei gibt es sie erst seit 1935. Mit umso größerer Inbrunst wird der Brauch vor Störungen geschützt. Die einzige Seeprozession Bayerns soll keine Schauveranstaltung sein, wenngleich die Zahl an Hobby- und professionellen Fotografen von Jahr zu Jahr steigt. Kein Wunder, denn die Vertreter der Zünfte mit ihren Fahnen auf der Fähre, die den Pfarrer befördert, die Ministranten im Kreuzlboot mit den Unheil abwehrenden Antlaßkränzen aus Thymian, Haselnussblättern und Klee, die Mädchen mit sittsam aufgezopftem Haar sowie die Frauen und Männer im traditionellen Gwand in ihren Booten bieten einfach ein farbenprächtiges Bild.

Mit der Fronleichnamsprozession feiern Katholiken am zweiten Donnerstag nach Pfingsten das Sakrament der Eucharistie. Nach der Messe ziehen sie hinter dem Priester, der die durch einen Baldachin behütete Monstranz trägt, durch den Ort. An vier Außenaltären verliest der Pfarrer Abschnitte aus den Evangelien und spendet den Segen. Zum Abschluss kehrt die Monstranz in die Kirche zurück. Das ist auch in Seehausen so, nur dass sich die Stationen zwei bis vier auf dem See befinden. Station drei, die Inselkapelle St. Simpert, ist dabei besonders interessant. Denn hier auf der Wörth befand sich die Urpfarrei von Seehausen, bevor sie aufs Festland verlegt wurde. 1773 ließ man die Kirche Stein für Stein abtragen und samt reicher barocker Ausstattung in Seehausen wiederaufbauen.

Böse Zungen nennen Fronleichnam auch ›Prangertag‹, weil die Mädchen in neuen Kleidern bei der Prozession unbescheiden ›prangten‹. Derlei Hofart ist den jungen Seehauserinnen nicht anzusehen. Eher schon die große Freude an diesem einzigartigen Festtag.

Um zum Festtag ein Zimmer in der wunderbaren Künstlerpension Am Eichholz zu ergattern, müssen Sie lange im Voraus buchen, aber es lohnt sich!

SEERESTAURANT UND STRANDBAD ALPENBLICK / BÄRTLBAD ///
KIRCHTALSTRASSE 30 /// 82449 UFFING AM STAFFELSEE ///
0 88 46 / 93 00 /// WWW.SEERESTAURANT-ALPENBLICK.DE ///

HISTORISCHER BADEPLATZ MIT ALPENBLICK

Strandbad Bärtlbad in Uffing am Staffelsee

Weshalb wir dem Bärtlbad den Vorzug geben vor den anderen Strandbädern am Staffelsee? Zweifelsohne besitzt es den schönsten Panoramablick! Vom Steg oder von der Liegewiese schauen wir über die stille Wasserfläche direkt nach Süden auf die Alpen. Ester- und Ammergebirge im Vordergrund wirken mit ihren knapp 2.000-Meter-Gipfeln fast geduckt im Verhältnis zu den kühnen Felszacken des Wettersteingebirges dahinter, zwischen denen die Zugspitze emporsticht.

Wir bilden uns auch ein, im Bärtlbad sei es nie wirklich voll. Irgendwie halten die Leute Abstand auf der schattigen, leicht zum See geneigten Liegewiese. Man legt Wert auf Privatsphäre und würde sich nie zwischen die Handtücher anderer (Sonnen)-Badender quetschen. Ein gewisser Sinn für Ordnung herrschte hier schon 1920, als im Bad, damals noch mit Holzkabinen direkt am See, folgende Verordnung erlassen wurde: ›… Sämtliche Badegäste haben alles zu vermeiden, was dem Anstand und der guten Sitten zuwiderläuft. Insbesondere ist das Herumstehen oder Herumliegen im Badeanzug vor den Badekabinen (…) strengstens verboten.‹ Die alten Badehütten im See gibt's leider nicht mehr, aber die ›neuen‹ Umkleidekabinen von 1925 sind auch in Ordnung, und das vor dem Steg festgemachte Floß tut dem Charme des Bärtlbads ebenfalls keinen Abbruch.

Wenn der Magen knurrt, kehren wir im Biergarten des benachbarten Seerestaurants Alpenblick ein und gönnen uns Würschtl und Kartoffelsalat. Wenn uns langweilig wird, tuckern wir auf der MS Seehausen bis zur Anlegestelle Achele, bummeln durch Murnau und besuchen das (Gabriele-)Münter-Haus. Wenn wir sportlich aufgelegt sind, mieten wir ein Boot und rudern zu einer der sieben Inseln.

Doch am allerliebsten verbringen wir den Tag im Wasser, denn der Staffelsee gehört als Moorsee zu den wärmeren Gewässern im Voralpenland.

☞ Das Essen im Biergarten ist rustikal. Im Restaurant hingegen kommt der feinste Fang des Tages aus dem See auf den Tisch: Zander, Renke und Saibling.

FREILICHTMUSEUM GLENTLEITEN /// AN DER GLENTLEITEN 4 ///
82439 GROSSWEIL /// 0 88 51 / 18 50 /// WWW.GLENTLEITEN.DE ///

HÜTTEN, SCHEUNEN, VIERSEITHÖFE

Freilichtmuseum Glentleiten in Großweil

59

Recht prosaisch getitelt kommt es daher, das Museum an der Glentleiten bei Großweil nahe Murnau. Dabei ist es so viel mehr als ein Museum unter freiem Himmel – es ist ein ganzes Dorf, und jedes Mal, wenn wir es besuchen, um zu sehen, was es Neues gibt, füllen sich vor unserem inneren Auge die Höfe und Scheunen, die Ställe und Schütten, die Pfade und Wege mit bäuerlichem Leben vergangener Zeiten.

Dabei ist das Freilichtmuseum noch recht jung. 1971 fasste der Bezirk Oberbayern den Entschluss für das Museum und 1976 öffnete man die Tore. 13 Gebäude aus ganz Oberbayern wurden akribisch zerlegt, jedes Teil katalogisiert und im Glentleiten nicht weniger genau wiederaufgebaut. Damit war es allerdings nicht getan. Noch heute reisen die Konservatoren und Zimmerer an, wenn es irgendwo ein schützenswertes Haus gibt. 63 Gebäude aus über fünf Jahrhunderten sind es jetzt, von der einfachen Hütte des Waldarbeiters bis zum prächtigen Hof des Großbauern, vom Dörrhaus zur Seilerwerkstatt, vom Getreidekasten zum Austragshäusl.

Hier ist uns noch nie langweilig geworden und den Kindern ebenso wenig. Auf engen Stiegen geht es hoch zu den Schlafkammern von Magd und Knecht, durch eine niedrige Tür in die gute Stube des Steinbichler-Bauern, über ein Brücklein zum wassergetriebenen Mühlengestänge. Und ganz sicher sitzt in irgendeiner mehrhundertjährigen Stube ein Großvater am Tisch und schnitzt und klebt eine Weidenpfeife; oder der Schmied trägt einen Eisenreifen rüber zum Wagner, der ihn übers Kutschenrad hämmert. Irgendein Programm gibt es immer im Museum. Oder eine Sonderausstellung. Völlig aus dem Häuschen war die Presse über das Kartenspiel aus dem Jahr 1700, das die Restauratorinnen in einer Hauskapelle gefunden haben. Klar, dass es ein bayrisches Blatt war, klassisch, fürs Schafkopfen, mit Soacha, Schäin, Road und Blau.

Das Museum Glentleiten bietet spezielle Führungen und Vorführungen: Mitmachangebote für Familien, Tage für Kinder mit ihren Großeltern oder Musikantentage.

FRANZ MARC MUSEUM /// FRANZ MARC PARK 8 – 10 ///
82431 KOCHEL AM SEE /// 0 88 51 / 92 48 80 ///
WWW.FRANZ-MARC-MUSEUM.DE ///
STILLEN SIE IHREN HUNGER IM MUSEUMSRESTAURANT
BLAUER REITER /// FRANZ MARC PARK 8 – 10 ///
82431 KOCHEL AM SEE /// 0 88 51 / 9 29 28 60 ///
HTTP://RESTAURANT-BLAUERREITER.DE ///

DER BLAUE REITER AM KOCHELSEE

Franz Marc Museum in Kochel

60

Die Arbeiten der Künstlergemeinschaft ›Blauer Reiter‹ liegen uns besonders am Herzen. Dennoch entdeckten wir das Franz Marc gewidmete Museum in Kochel erst spät für uns. Häufig besuchen wir Gabriele Münters Haus in Murnau und das Murnauer Stadtmuseum, das viele seiner Ausstellungen den zu Beginn des 20. Jahrhunderts im ›Blauen Land‹ tätigen Künstlern widmet. In München sind wir regelmäßig im Lenbachhaus, dem Mekka aller Blauer-Reiter-Pilger. Doch obwohl Franz Marc seine berühmtesten Werke in einem bescheidenen Dachbodenatelier im nahen Sindelsdorf malte – 1911 das ›Blaue Pferd‹, 1912 die ›Roten Rehe‹ –, sprach uns das etwas bieder wirkende Franz Marc Museum lange Zeit nicht an.

Das änderte sich 2008, als das Franz Marc Museum um einen spektakulären Neubau und die vom Ehepaar Etta und Otto Stangl zur Verfügung gestellte Sammlung der Künstlergruppe ›Brücke‹ erweitert wurde. Die Bilder und Grafiken Franz Marcs begannen zu sprechen. Sie stehen nun, immer wieder für thematische Ausstellungen neu gehängt, in einem Kontext mit dem damaligen Zeitgeschehen, mit künstlerischen Strömungen, mit Weltanschauungen und Philosophien. Das Museum dokumentiert nicht nur Franz Marcs Streben, die Naturabbildung ins Abstrakte zu führen, sondern auch die Einflüsse, die sein Werk auf Zeitgenossen hatte und die umgekehrt deren Arbeiten auf seine Entwicklung hatten. Das ist ungemein spannend.

Spiegelt sich die bevorstehende Apokalypse des Ersten Weltkriegs bereits in den Werken Franz Marcs, Paul Klees oder Erich Heckels? Wo in Marcs Bildern verbirgt sich sein Patriotismus, der ihn dazu trieb, sich als Kriegsfreiwilliger zu melden, was ihm 1916 bei Verdun den Tod brachte? Diese Fragen stellte beispielsweise eine Ausstellung im Jahr 2013. So präsentiert kann uns Franz Marc viel mehr erzählen als von den ersten Schritten in die Abstraktion.

Im Museumsrestaurant Blauer Reiter isst man sehr fein, etwa ›Geräucherten Saibling mit Gurkenschmand‹, und das mit herrlichem Bergpanorama.

MIT DER HERZOGSTANDBAHN GEHT ES HOCH HINAUF.
HERZOGSTANDBAHN /// AM TANNENECK 6 /// 82432 WALCHENSEE ///
0 88 58 / 2 36 /// WWW.HERZOGSTANDBAHN.DE ///

KÖNIGLICHES JAGDREVIER

Herzogstand

61

›Wir wollen alles, und das gleich!‹ – lässt sich diese Forderung einlösen? Ja, aber nur dort, wo Bayern am schönsten ist, wo Gebirge und Wasser zusammentreffen, wo sonnenüberflutete Almen und schattige Wälder Sommertage zu echten Seligkeitsgeschenken machen. Im Frühtau geht es zu Berge auf den Herzogstand oder etwas später mit der Herzogstandbahn hinauf. Der Blick über das Estergebirge, auf den Walchensee tief unten und weit hinein ins Alpenvorland ist fantastisch. Dass dieser gesegnete Fleck zu einem der Münchner Hausberge wurde, hat also schon seinen Grund. Ewig könnten wir hier oben sein, besonders wenn wir beizeiten losgegangen sind und unser Vesper am Gipfelkreuz in 1.731 Meter Höhe nur mit den Bergdohlen teilen.

Die jagdbegeisterten Wittelsbacher – noch ohne Königswürde, aber schon Herzöge – waren stets auf der Suche nach wildreichen Revieren und kamen ab dem 16. Jahrhundert von München mit der Flinte hinauf zum Herzogstand (!), doch erst König Max II., ebenfalls passionierter Waidmann, ließ 1857 ein Jagdhaus unterhalb des heutigen Herzogstandhauses bauen. Seinem Sohn Ludwig II. war die Hütte allerdings viel zu einfach und noch dazu – da schlug er gänzlich aus der Art – konnte man ihn mit der Pirsch jagen. Andererseits war der Berg ein herrlicher Platz. Er beauftragte den Bau des Königshauses am Herzogstand (das 1990 abbrannte) und des Aussichtspavillons oben am Gipfel.

Wenn es voller wird am Berg, steigen wir den Reitweg Ludwigs II. hinunter und suchen uns einen Badeplatz am Walchensee. Die schönsten Flecken, auch mit feinem Kiesstrand, sind von der Mautstraße entlang des Südostufers zu erreichen. Oder wir wandern auf alpinem Pfad den Grat entlang hinüber zum Heimgarten, kehren in der dortigen Hütte ein und steigen erst dann in weitem Bogen zum See und einem kühlenden Bad ab.

Goethe machte 1786 auf seiner Italienreise am Walchensee Halt und skizzierte den Herzogstand. Ein Denkmal an der Kesselbergstraße erinnert daran.

WIKINGER UND BUNTE SEGEL VOR BERGPANORAMA

Sachenbacher Bucht am Walchensee

11/11

Wollten Ihre Kinder schon immer mal dort baden, wo ›Wickie und die starken Männer‹ wohnten? Dann ist der Walchensee das richtige Ziel. Seine Karriere als norwegischer Fjord begann nicht erst 2008 mit Michael ›Bully‹ Herbig und den beiden überaus erfolgreichen Wickie-Filmen. Nein, die Sachenbacher Bucht am Nordostufer wurde bereits 1959 für die Fernsehserie ›Tales of the Viking‹ entdeckt, in der unter anderem Christopher Lee mitspielte. Heute sind natürlich alle Spuren der Dreharbeiten beseitigt, und die Sachenbacher Bucht wirkt so idyllisch wie eh und je. Wer die Wickie-Filme liebt, wird die Szenerie dennoch unschwer wiedererkennen.

Vor das Vergnügen eines Bads im meist 18 bis 20 Grad kalten Walchensee hat der liebe Gott die Pflicht einer kleinen Wanderung gesetzt – die Kinder mögen verzeihen. Die Mautstraße, die am Südufer des Walchensees entlangführt, bringt Autofahrer nur bis Niedernach; von dort geht's eine Dreiviertelstunde zu Fuß weiter. Oder aber man startet von Urfeld, dem Hauptort am See, und läuft in einer guten halben Stunde südwärts zur Sachenbacher Bucht. Als Lohn winken Eis, Wurstsemmel oder Kuchen vom Kiosk, den Familie Sachenbacher an den Sommerwochenenden betreibt. Die Geschichte ihres und des Nachbarhofes reicht übrigens bis ins 16. Jahrhundert zurück.

Türkisblau, fast grün liegt der See zwischen steilen Hängen, über denen sich der Herzogstand zu imposanter Höhe türmt. Diesen Anblick schätzte übrigens König Ludwig II. sehr. Er kam immer wieder an den See und beorderte auch Richard Wagner hierher, der die nordische Szenerie überhaupt nicht goutierte. Auf dem Wasser tanzen die bunten Segel von Windsurfern. Die Kinder sind im Wasser und schnorcheln nach Goldbarren eines im See versenkten Schatzes. Die Mühen der Wanderung sind längst vergessen!

Ein Teil der Filmkulissen wurde in Walchensee am Westufer als ›Wikingerdorf Flake‹ wiederaufgebaut. Manchmal liegt auch das Schiff dort vor Anker.

BLICK AUF DIE ISAR

ANFAHRT NACH 83661 VORDERRISS UND INS RISSTAL VON WESTEN ÜBER EINE MAUTPFLICHTIGE STRASSE AB WALLGAU; VON OSTEN ÜBER DIE B 307 VOM SYLVENSTEINSEE.

DER GROSSE AHORNBODEN IST ZU ERREICHEN ÜBER DIE RISSTALSTRASSE VON VORDERRISS ÜBER HINTERRISS (GRENZÜBERGANG NACH ÖSTERREICH, MAUTSTRASSE) ZUM ALMDORF ENG.

KÖNIGSDÄMMERUNG UND ISARFLIMMERN

Im Rißtal

62

Zwei Wildflüsse treffen sich im Rißtal, das von Wallgau im Westen bis zum Sylvensteinspeichersee im Osten auf rund 20 Kilometern durch dicht bewaldete und von den schroffen Hängen des Karwendel begrenzte Landschaft führt: die nahe Scharnitz im Karwendel entspringende Isar und der Rißbach aus dem Enger Grund, einem südlich liegenden Karwendel-Kar, das im Herbst wegen der Färbung seiner uralten Ahornbäume Ziel zahlloser Ausflügler ist. Dunkles Grün und glitzerndes Wasser vor Felsengipfeln – das ist und war eine Postkartenidylle wie gemacht für die Wittelsbacher, die sich im Herzen des Tals und natürlich etwas oberhalb der Ansiedlung Vorderriß eine Jagdhütte bauten, in der heute die Forstverwaltung residiert. König Ludwig II., wer sonst, wandelte das einfache Jagdquartier seines Vaters in ein Königshaus um, in dem er gelegentlich nächtigte, wenn ihn die Münchner Scharaden bedrängten. Ein anderer, später Prominenter, der Schriftsteller Ludwig Thoma, erlebte als Kind die Besuche seiner Majestät und hielt sie für die Nachwelt fest. Ludwig Thomas Vater, Oberförster in der Riß, hatte dem König manchmal bis in den frühen Morgen Rapport zu erstatten und Gesellschaft zu leisten, denn seine Majestät war ungern allein. Die Kinder wie auch das Rotwild freuten sich auf den Kini, denn sein Küchenmeister brachte stets Süßigkeiten mit, die Ludwig an Mensch und Tier verteilte.

›Des is a Isarflimmern, mitten im Paradies‹ singt der ›Isarindianer‹ und im Oberland überaus beliebte Barde Willy Michl seine bluesige Lobeshymne auf den Isarwinkel. Immer wenn wir im Rißtal sind, müssen wir an das Lied denken und wie genau es die Stimmung trifft – allerdings nur wochentags, wenn man noch richtig einsame Wanderungen unternehmen und sich anschließend im kalten Bergfluss etwas abkühlen kann. Die Isar durchquert das Rißtal in unzählige Arme verzweigt, Kiesbänke bildend und Inselchen umschmeichelnd. Hier finden wir eine der letzten Wildflusslandschaften der Alpen.

Doch schon beim Weiler Vorderriß, wo der Rißbach einmündet, erleben wir einen Vorgeschmack auf das, was uns am Talende erwartet: Der Bach liegt trocken, denn er speist durch einen sieben Kilometer langen Stollen den Walchensee und dient so der Stromgewinnung. Am Ausgang des Tals ist das Paradies dann endgültig Geschichte: Da bremst ein monumentaler, knapp 45 Meter hoher Damm die munter plätschernde Isar und staut sie zu einem riesigen Speichersee auf. Vor dem Bau des Sylvensteinspeichers in den 1950er-Jahren machte die Isar, die für die Kelten die ›Reißende‹ war, ihrem Namen alle Ehre und richtete mit verheerenden Überschwemmungen in ihrem weiteren Lauf nach Norden heftige Zerstörungen an. Der Flutung des Tals fiel nicht nur das Dorf Fall, sondern eine literarische Landschaft zum Opfer, die Ludwig Ganghofer – ein weiterer bayerischer Paradeschriftsteller und guter Freund Ludwig Thomas –, in seinem Roman über den ›Jäger von Fall‹ verewigte. Auch er liebte das Rißtal sowie das Karwendel und besaß ein großes Jagdrevier weiter westlich um Ehrwald. Gelegentlich wanderten die beiden Ludwigs gemeinsam durch den Isarwinkel oder gingen hier auf die Jagd.

Unsere liebste Wanderung führt uns von Vorderriß (782 Meter) hinauf zum Rißsattel (1.217 Meter) mit einer wirklich konkurrenzlos herrlich gelegenen Aussichtsbank, die begeisterte Bergsteiger ›Kanapee‹ getauft haben. Wie von einer Aussichtskanzel oder einem Balkon öffnet sich der Blick ins Tal und die silbrig glitzernden, durchs Kiesbett mäandernden Arme der Isar. Angeblich führen 99 Kehren hier herauf, es könnten auch doppelt so viele sein, der Blick entschädigt für alles. Da ist es dann wieder, das Isarflimmern mitten im Paradies.

›Tyrolean summer‹ könnte man die Szenerie im Herbst im Großen Ahornboden übertiteln. Ahornbäume schmücken sich feuerrot vor den Felshängen des Karwendel.

EIN WAHRHAFT KÖNIGLICHES TAL

Elmauer Hochtal

63

Woher sich der Name ›Elmau‹ für das Hochtal am Wettersteingebirge zwischen Garmisch-Partenkirchen und Klais ableitet, ist unbekannt. Fest steht allerdings, dass es ›die Elmau‹ heißen muss, was sich wohl aus der Wurzel des Namens, Aue, erklärt. Eine Aue, feuchte Wiese, ist das schöne Tal mit seinen Buckelwiesen zwar nicht, doch reichlich Wasser aus Quellen ist vorhanden, weshalb sich schon ab dem 16. Jahrhundert Einödbauern und eine Sägemühle in der Elmau niederließen. Um 1870 wurde die Elmau dann vom Kini okkupiert: Ludwig II. ließ über dem Tal sein Königshaus am Schachen (s. S. 181) errichten und legte auf seinem Weg bergauf jedes Mal im Alpengut Elmau eine Rast ein. Auf den König folgten Anfang des 20. Jahrhunderts eine exzentrische Engländerin und ein deutscher Philosoph. Die beiden sind verantwortlich dafür, dass am Beginn des Elmau-Tals ziemlich viele Luxusautos auf der mautpflichtigen Straße hin und her brausen, denn deren ehemalige Anwesen Schloss Elmau (Johannes Müller) und Das Kranzbach (Mary Isabel Portman) locken heute als Fünf-Sterne-Luxushotels zahlungskräftige Klientel an.

Obwohl wir nicht unempfindlich sind gegenüber den Verlockungen des in den beiden Hotels offerierten Komforts, der traumhaften Spa-Anlagen und der Gourmetküche, wandern wir tapfer an den Etablissements vorbei, wenn wir die Elmau besuchen. Meist wählen wir den Weg vom Waldparkplatz unweit des Schlosses Elmau über den Ferchenbach bergauf zur Elmauer Alm. Immer wieder öffnen sich Ausblicke auf das majestätische Wettersteinmassiv mit Alp- und Zugspitze. Am Wegesrand blühen Veilchen und im Spätfrühling Enzian. 300 Höhenmeter und zwei Stunden später bekommen wir in der Elmauer Alm rassige Kaminwurzen oder ein Speckbrot und die Welt ist in Ordnung.

Schloss Elmau veranstaltet ein anspruchsvolles Kulturprogramm, das von Lesungen über Symposien bis hin zu Konzerten (Klassik und Jazz) reicht.

DIE WANDERUNG BEGINNT IN MITTENWALD UND FÜHRT ENTLANG DER UFER VON LAUTER- UND FERCHENSEE ÜBER DIE WETTERSTEINALPE HOCH ZUM SCHACHEN.

WEITERE INFORMATIONEN ERHALTEN SIE VON DER SCHLOSS- UND GARTENVERWALTUNG LINDERHOF /// LINDERHOF 12 /// 82488 ETTAL /// 0 88 22 / 9 20 30 /// WWW.SCHLOSSLINDERHOF.DE ///

BAYERN VERSUS ORIENT

Königshaus am Schachen

64

Weit weg von den Hofschranzen und aus den Augen der Bürger – das war ihm das Liebste. In herrlicher Bergeinsamkeit fühlte sich Ludwig II. am wohlsten, und selbst in diesem Zustand war er nahe einer Depression. Bei Garmisch-Partenkirchen auf dem 1.866 Meter hohen Schachen bekrönt das Königshaus seit 1872 die kahle Kuppe, bei misslichem Wetter ein windumtoster und ungastlicher Ort. Doch bei blauem Himmel – mein lieber Herr Kanzleirat – kann es schöner nicht sein. Dann sitzen wir auf den Treppen des Schachenhauses und freuen uns wie die Königskinder über die Welt.

Einmal im Jahr fuhr Ludwig in seiner Spezialkutsche den Serpentinenweg hinauf und bezog das ›Schlösschen‹ für einige Tage. Heute erwandern sich die Besucher das Ziel in vier Stunden. Von außen ist das zweistöckige Holzgebäude eher schlicht. Nimmt man an einer Führung teil (was wir unbedingt anraten), wird man erstaunt feststellen, dass das Parterre mit seinem Zentralsalon und den zirbelholzgetäfelten Räumen so gar nicht nach Ludwig aussieht. Alltäglicher Luxus eines Großbürgers: Schlaf-, Arbeits- und Esszimmer, das war's; kein Prunk wie auf Schloss Linderhof, kein Wahnwitz wie auf Neuschwanstein.

Aber! Eine schmale Wendeltreppe entführt in eine andere Welt. Die gesamte obere Etage ist türkischer Salon. Wenn auch der Märchenkönig auf den Gipfeln Bayerns seinen Gedanken am besten nachhängen konnte, ging ihm der Fernblick manchmal doch auf den Geist. Wie es dann hier oben war? Auf Polstern rekeln sich jungmännliche Diener in Pluderhosen, auf Tischchen dampft der Mokka, aus Schalen kräuselt Weihrauch, in Wasserpfeifen glimmt Tabak. Und nix Bergpanorama: Die Fenster sind bunt und blickdicht. Ein riesiger Leuchter, der an der Decke hängt, ist übrigens der Statik geschuldet. Mit seinem Tonnengewicht sorgt er dafür, dass das Dach bei Sturm nicht ins Tal fegt.

Im Alpengarten unterhalb des Königshauses wachsen über 1.000 Pflanzenarten und erlauben Mitte Juni bis Mitte September einen Überblick über die alpine Flora.

LÜFTLMALEREI AUF DER FASSADE DES POST HOTEL MITTENWALD

FEINSTE LÄNDLICH-REGIONALE KÜCHE BIETET DAS MARKTRESTAURANT ///
DEKAN-KARL-PLATZ 21 /// 82481 MITTENWALD /// 0 88 23 / 9 26 95 95 ///
WWW.DAS-MARKTRESTAURANT.DE ///

BAROCKE BILDER FÜR DEN ALLTAGSGEBRAUCH

Lüftlmalerei in Mittenwald

65

Goethe nannte Mittenwald ein ›lebendes Bilderbuch‹, und der wohlbeleibte Schauspieler und Kabarettist Ottfried Fischer (›Der Bulle von Tölz‹) war bei Dreharbeiten in Mittenwald besorgt, ob er in der barocken Bilderflut nicht untergehen würde. Wir halten es lieber mit Goethe und können uns an den vielen, auf Hausfassaden verewigten Charakteren, Geschichten und Ornamenten gar nicht sattsehen.

Warum die bunten Bilder ›Lüftlmalereien‹ heißen, ist unbekannt: Kommt ›Lüftl‹ von der luftigen Höhe, in der die Künstler arbeiten müssen? War ein Maler namens Josef Lüftl der Erfinder dieser Freskotechnik? Oder ist das Oberammergauer Haus ›Zum Liftl‹ der Geburtsort?

Mit den Lüftlbildern machte die Landbevölkerung nach, was geniale Barockkünstler im Inneren der Dorfkirchen umsetzten. Die Malerei täuscht eine Pseudoarchitektur mit Giebeln und Erkern vor und berichtet vom Beruf des Hausbesitzers oder von der Funktion des Hauses. Und sie beschwört die Frömmigkeit der Bewohner durch Szenen aus dem Alten oder Neuen Testament. Die Technik des al-fresco erforderte großes Geschick und einen sicheren Pinselstrich. Gemalt wurde in feuchten Putz, der einmal getrocknet keine Korrekturen mehr zuließ.

In Mittenwald ist die Verbindung von Barock- und Lüftlmalerei besonders anschaulich, denn an der Kirche St. Peter und Paul findet das Freskenwerk im Inneren und am Kirchturm, ausgeführt durch den großen Matthäus Günther, seine bäuerlichere Entsprechung in den Lüftlbildern an den Häusern ringsum. Diese verraten die Handschrift von Malern, die eher Handwerker denn Künstler waren, was ihren Reiz nicht schmälert: Werfen Sie einen Blick auf den kunterbunten Gasthof Alpenrose, um 1780 vom Oberammergauer Franz Seraph Zwinck geschmückt: Seine Maria, die hier im Himmel zur Königin gekrönt wird, sieht aus wie ein liebes Bauernmädel.

Feinste Küche mit bayerischen Wurzeln und raffiniertem Gout bekommen Sie im Marktrestaurant in einem geschmackvoll gestalteten Gewölbekeller.

DAS ›FERNROHR‹ NEBEN DER BERGSTATION KARWENDEL BIETET EINEN BEEINDRUCKENDEN WEITBLICK.

HINAUF AUF DIE KARWENDELSPITZE GEHT'S MIT DER KARWENDELBAHN /// KARWENDELBAHN AG /// ALPENKORPSSTRASSE 1 /// 82481 MITTENWALD /// 0 88 23 / 9 37 67 60 /// WWW.KARWENDELBAHN.DE ///

WEITERE INFORMATIONEN ERHALTEN SIE UNTER: WWW.BERGWELT-KARWENDEL.DE ///

EIN BLICK DURCHS KARWENDEL-FERNROHR

Karwendelspitze

66

Spektakulär! Angesichts der Alpengipfel und im Speziellen des Karwendelmassivs wird das Wort geradezu inflationär gebraucht. Aber in diesem Fall, vom Mittenwalder Ortsrand mit der Seilbahn über nur zwei Stützen hinauf auf 2.244 Meter Höhe schwebend, ist spektakulär fast untertrieben. Die Nordwestwand der Karwendelspitze steigt nahezu senkrecht 1.300 Meter aus dem Tal. Bergsteiger, die auf dem Karwendelsteig durch die Wand auf den Gipfel wandern, sehen aus der modernen Gondel betrachtet aus wie Gämsen im Fels.

Oben angekommen können Besucher sich auf der Sonnenterrasse des Gasthofs bräunen, durch Schneewächten stapfen, die im Schatten der Karwendelgrube überdauert haben, freche Dohlen füttern und die Aussicht bestaunen. Einige Wanderer machen sich auf den Panoramarundweg mit Aussichtspunkten, wie sie schöner nicht sein könnten, denn nach Süden breiten sich die Felsspitzen des Karwendel, der Mieminger Kette, der Stubaier Alpen bis hin zu den Dolomiten wie ein schroffes graues Meer aus. Bergsteiger steigen auf zum Mittenwalder Höhenweg, einer Tour mit herrlicher Aussicht, aber auch mit schwindelerregenden Klettersteigpassagen über Linderspitze, Sulzleklammspitze und Kirchlespitze zum Brunntalanger.

Menschen mit Höhenangst wie die Autorin fühlen sich zwar an der Bergstation einigermaßen sicher, verweigern aber jeden Schritt in die Felswildnis. Für sie hat die Karwendelbergbahn wohl eher unabsichtlich mit dem begehbaren ›Fernrohr‹ vorgesorgt. Mit 34 Metern Länge und einem Durchmesser von acht Metern ragt es über die Felskante nach Westen, in Richtung Mittenwald. Den Abschluss dieses Fernrohrs bildet eine 37 Quadratmeter große Glasscheibe. Wer hindurch sieht, meint über dem 1.300 Meter tiefen Felsabgrund, der sich unter dem Fernrohr auftut, zu schweben. Und empfindet, hoffentlich, nicht die geringste Angst.

☞ Das ›Fernrohr‹ ist ein architektonisch wie inhaltlich spannend konzipierter Ausstellungsraum mit einer Dauerausstellung zum Naturraum Karwendel.

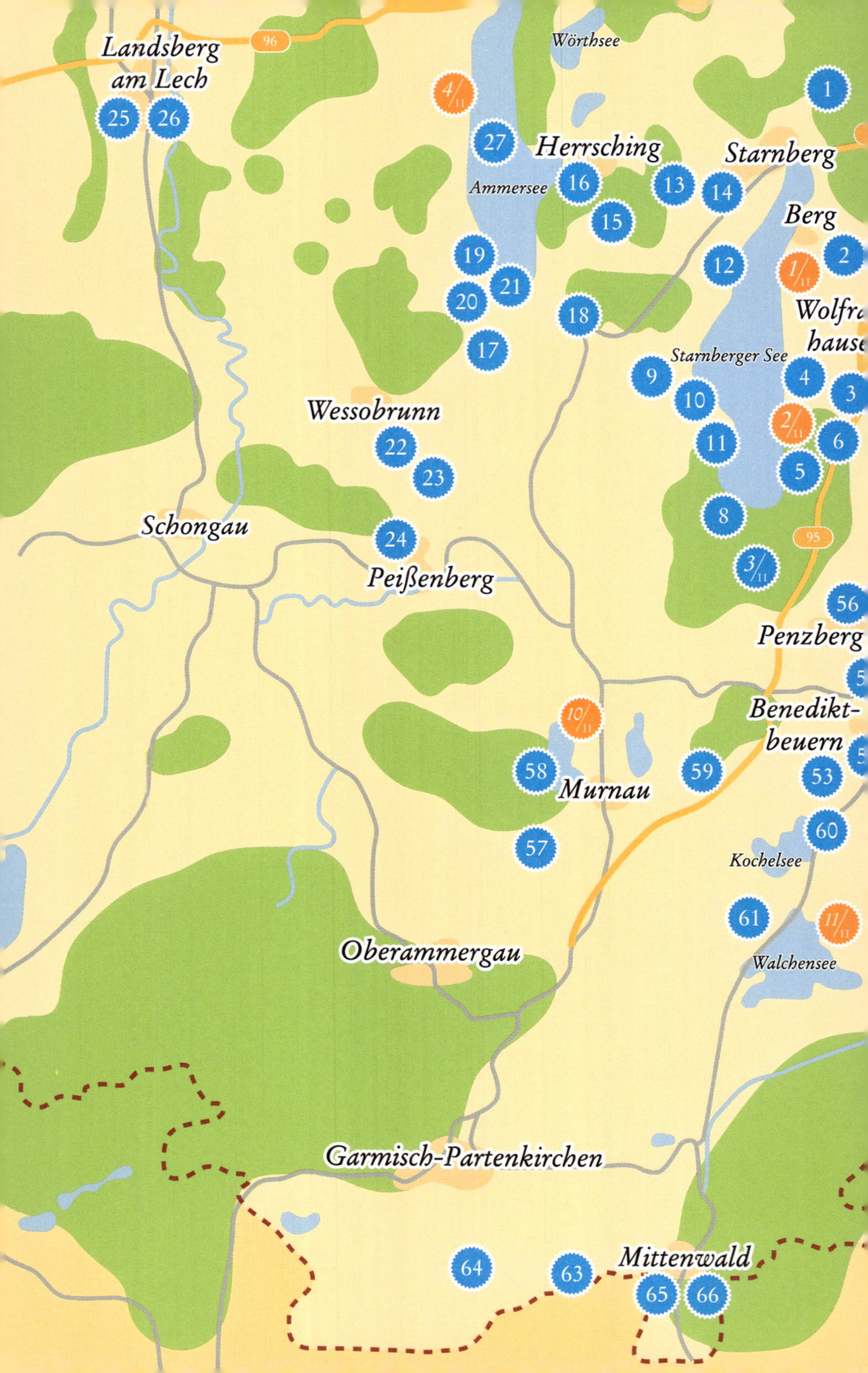

Landsberg am Lech
96
Wörthsee
4/11
1
25
26
27
Herrsching
Starnberg
Ammersee
16
13
14
15
Berg
19
12
2
1/11
21
20
18
Wolfra
hause
17
Starnberger See
9
4
3
10
Wessobrunn
2/11
6
22
11
23
5
8
Schongau
24
95
Peißenberg
3/11
56
Penzberg
5
Benedikt-
beuern
10/11
58
Murnau
59
53
5
60
57
Kochelsee
61
11/11
Oberammergau
Walchensee
Garmisch-Partenkirchen
Mittenwald
64
63
65
66

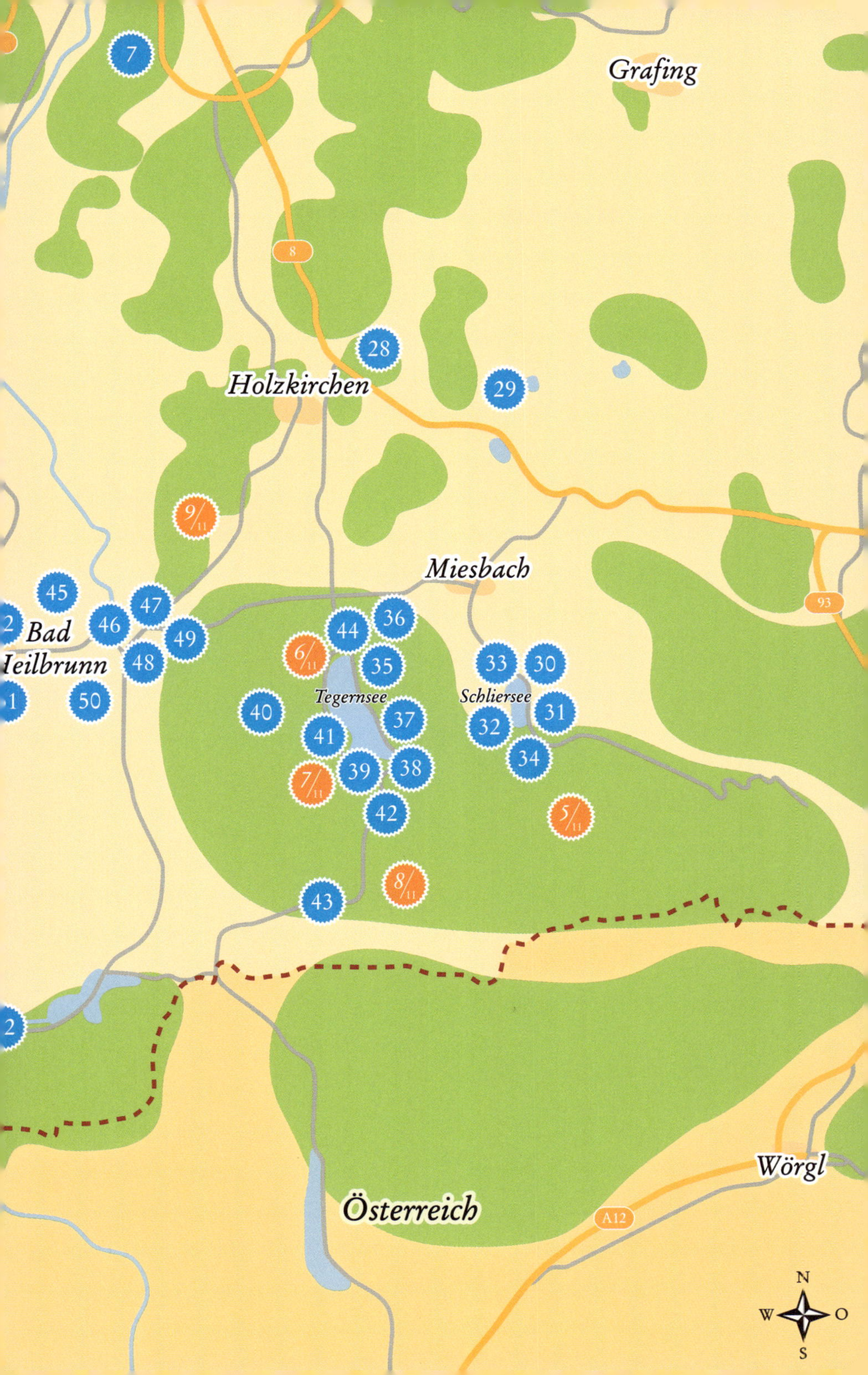
Grafing
7
8
28
Holzkirchen
29
9/11
Miesbach
93
45
Bad
47
46
49
48
44
36
6/11
35
33
30
50
40
Tegernsee
Schliersee
37
32
31
41
34
7/11
39
38
42
5/11
8/11
43
Wörgl
Österreich
A12
N
W
O
S

REGISTER

HOCHSPANNUNG
AUS BAYERN
GMEINER

»Sport ist Mord? Max Raintaler will es herausfinden.«

Exkommissar Max Raintaler und sein Freund Josef Stirner finden im Mittenwalder Dammkar zwei tote junge Männer vom Mittenwalder Skiklub unter einer Lawine, die sie selbst gerade fast das Leben gekostet hätte. Ein Anschlag? Wenn ja, wem hat er gegolten? Wo steckt die vermisste Sylvie Maurer? Und warum wird Max' Freundin Monika daheim in München von einem Unbekannten bedroht? Gemeinsam mit Josef und dem aufrechten Polizeichef Rudi Klotz macht sich Max auf die Suche nach Antworten.

Michael Gerwien
Alpentod
978-3-8392-1522-7